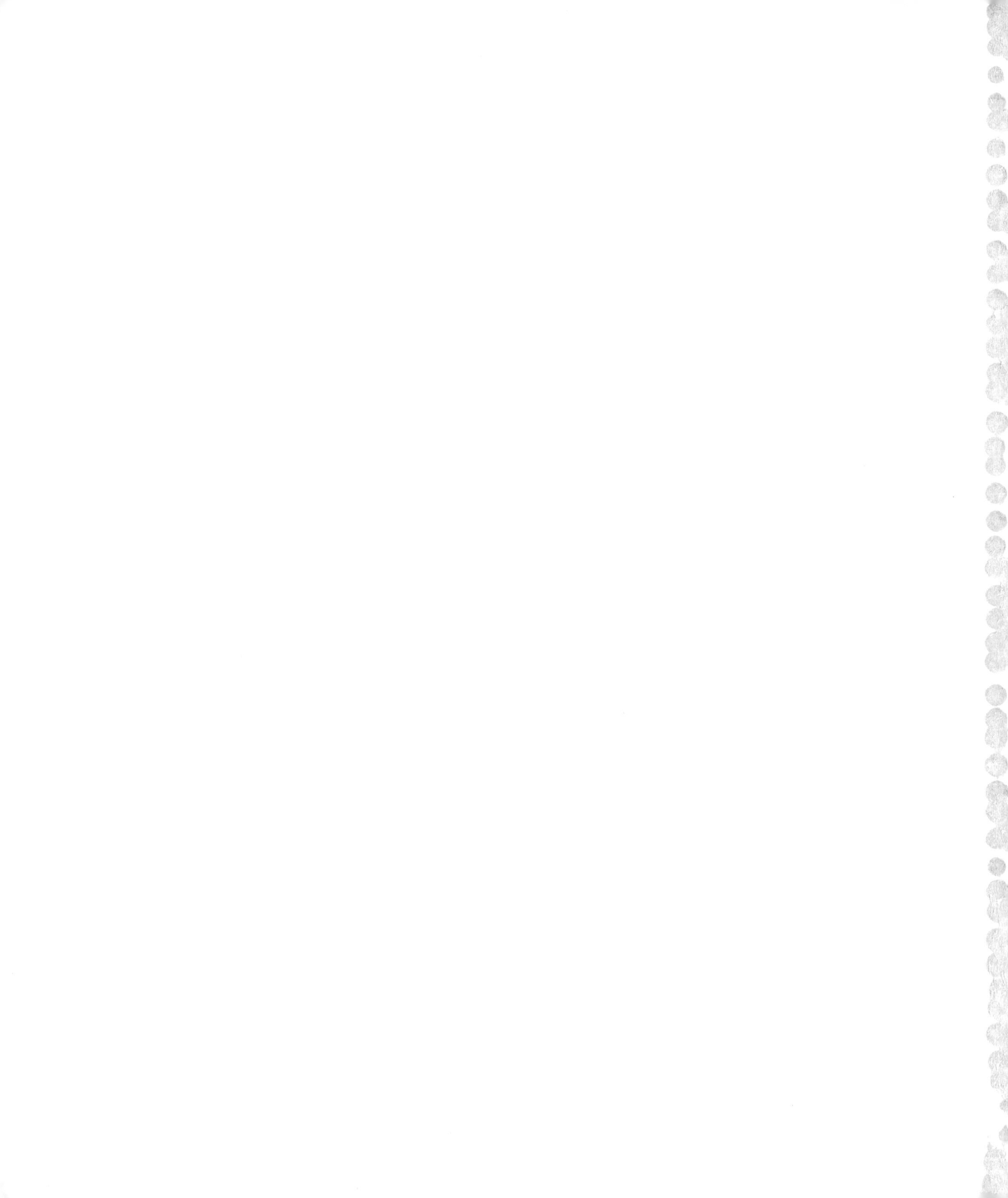

LOUNGEWEAR

stricken

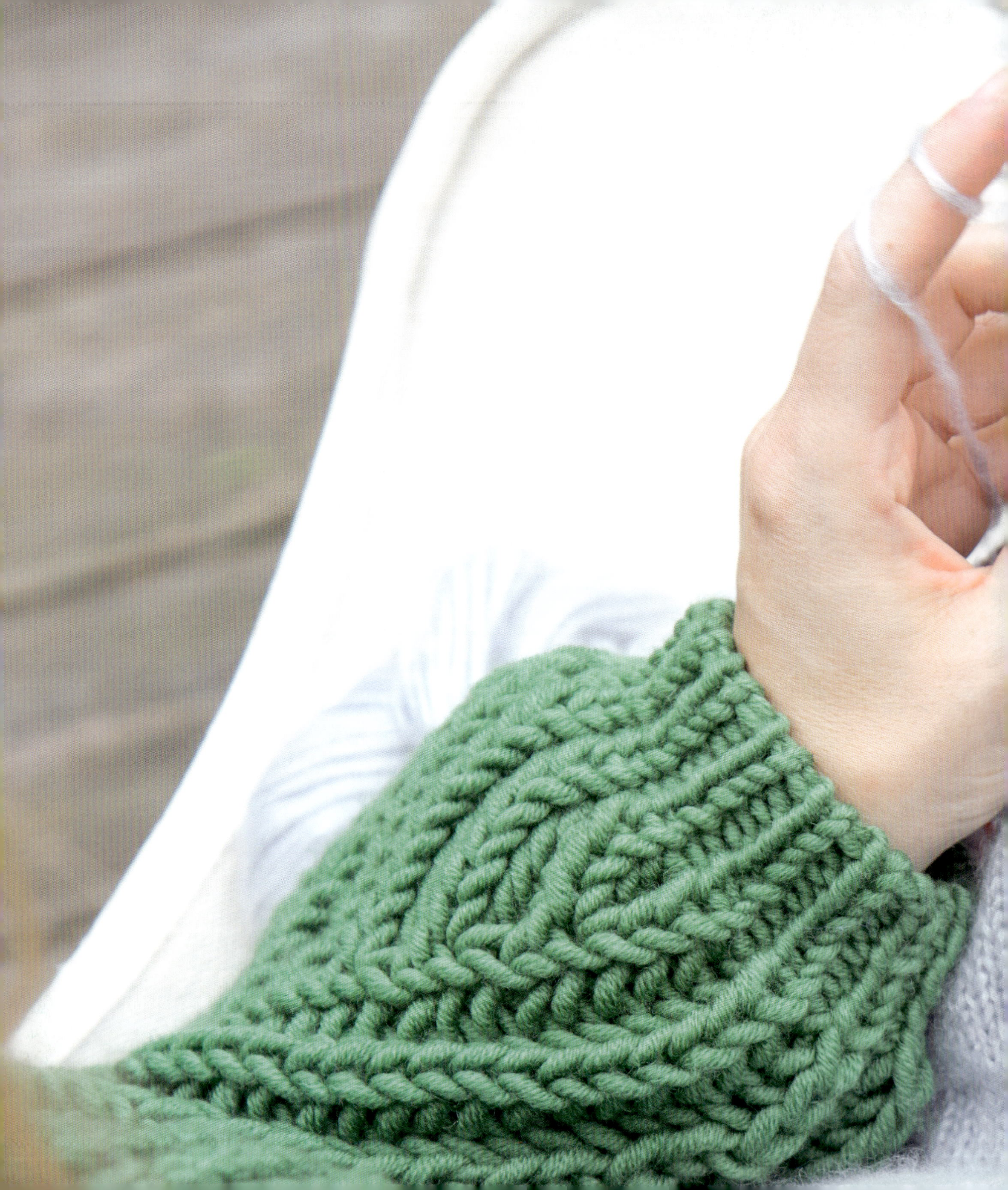

Carina Schauer
@knitsbycari

Alle Modelle
in Größe
XXS–XXL

LOUNGEWEAR stricken

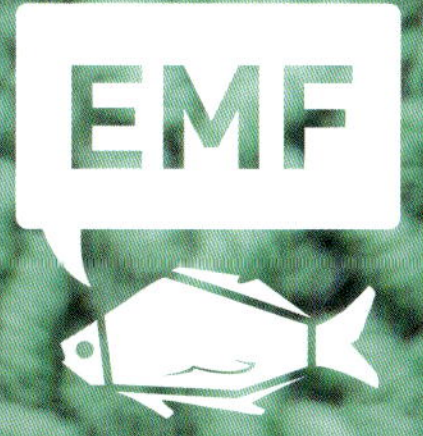

EIN BUCH DER
EDITION MICHAEL FISCHER

BEQUEME KLEIDUNG
UND **STRICK-SETS**

VORWORT

Loungewear stricken – gemütlich und stylisch gekleidet, ob auf der Couch oder in der City.

Loungewear ist aus unserem Kleiderschrank und Alltag nicht mehr wegzudenken. Warum auch nicht mit einem kuscheligen Pulli in einer Vorlesung in der Uni sitzen, zum Kaffee und Kuchen in der Stadt verabreden, im Büro zur Jeans kombinieren oder im Homeoffice mit der Yogahose stylen. Mit dieser alltagstauglichen Loungewear kannst du dir vielseitig einsetzbare Kleidungsstücke stricken. Mit einer Auswahl an hochwertigen Garnen und klaren Designs ist diese Loungewear eine tolle Ergänzung für deine Capsule Wardrobe. Gleichzeitig kannst du mit knalligen und ausgefallenen Farben Akzente setzen und trotz minimalistischen Designs ein Hingucker-Piece kreieren. Mit den drei Sets, jeweils bestehend aus Hose und Oberteil, bist du cosy, aber auch sexy/attraktiv/sinnlich gekleidet, wo auch immer du bist.

*Mit diesem Buch kannst du als Anfänger*in deinen ersten Pullover stricken oder als Fortgeschrittene*r neue spannende Konstruktionen erlernen.*

Ich konnte die Kalkulation der Größen XXS bis XXL umsetzen. Das Buch ist leider noch nicht „size inclusive", und daher möchte ich dir anbieten, dass du dich bei mir melden kannst und wir gemeinsam die Anleitung entsprechend deiner Maße kalkulieren. Bitte bedenke, dass jeder Körper unterschiedlich ist, aber da du das Kleidungsstück erschaffst, kannst du es an deine eigenen Wünsche anpassen. Für Fortgeschrittene habe ich bei den Anleitungen für Pullover und Cardigans die Top-down-Konstruktionen gewählt.

Ich freue mich über dein Feedback und helfe dir gern bei deinen Fragen.

Carina

@knitsbycari
knitsbycari@gmail.com

INHALTSVERZEICHNIS

01

Grundlagen

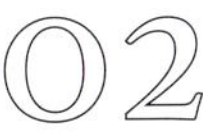

Anleitungen

GRUND-LAGEN

- Maschenanschlag
- Verschränkte Maschen
- Randmaschen
- Patentmuster
- Zunahmen
- Abnahmen
- Abketten
- Zöpfe stricken
- Verkürzte Reihen
- Teile verbinden
- Knopfloch
- Häkeln auf Strick
- I-Cord-Kordel
- Magic Loop
- Legende
- Richtig Maß nehmen

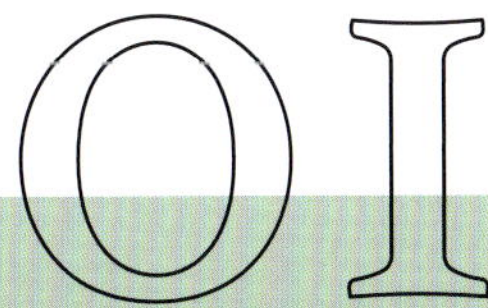

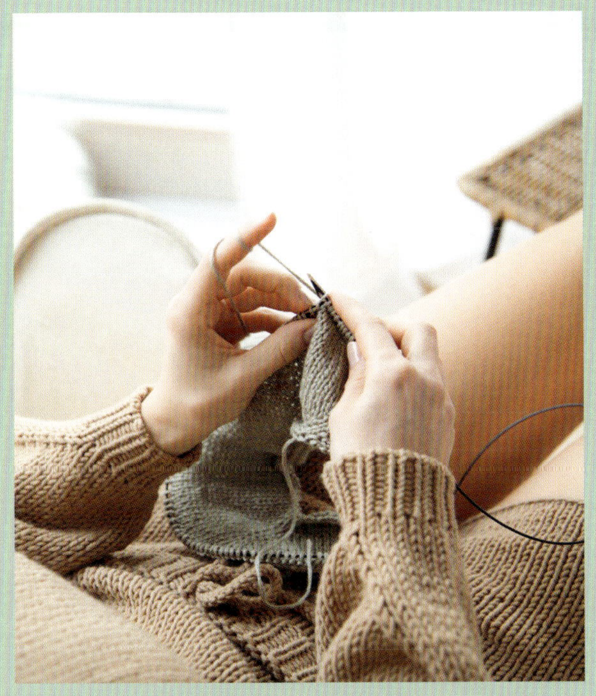

Bevor du endlich mit deinem ersten Projekt loslegen kannst, musst du dir ein paar grundlegende Fertigkeiten aneignen. Aber keine Angst, die meisten Techniken kannst du dir einfach erst dann anschauen, wenn du in deiner Anleitung siehst, was du für das Projekt können musst. So lernst du praktisch direkt während des Strickens alles, was du können musst!

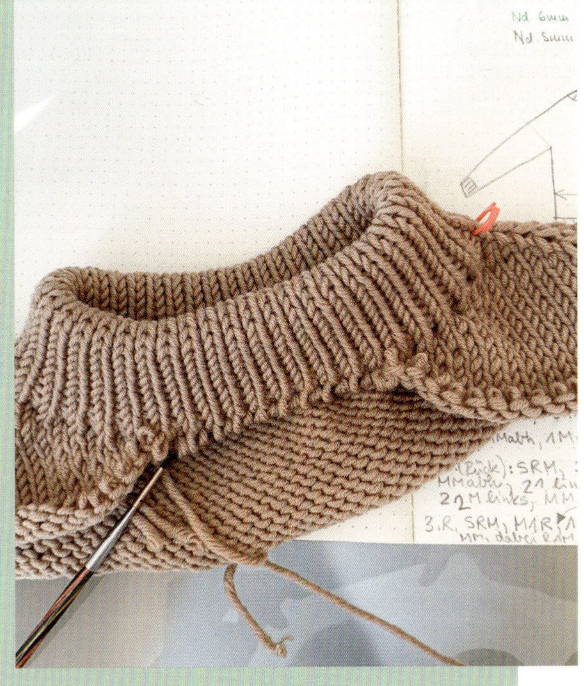

MASCHENANSCHLAG

Mit dem Anschlagen von Maschen fängt jedes Strickprojekt an – vom einfachen Topflappen bis hin zu komplizierten Jacken. Auch im Laufe eines Projekts kann das erneute Anschlagen von Maschen notwendig sein, beispielsweise beim Arbeiten von Knopflöchern.

KREUZANSCHLAG

Der Kreuzanschlag ist der herkömmlichste und bekannteste Maschenanschlag. Gerade für Anfänger*innen ist er einfach zu erlernen und zu bewältigen. Er kann für jedes darauffolgende Muster verwendet werden und bildet eine stabile und zugleich elastische Kante.

TIPP
Diese Grundschlinge (auch „Anfangsschlinge") ist der Beginn beinahe aller Anschlagsmethoden.

Schritt 1
Es wird zunächst auf der rechten Nadel eine Grundschlinge gebildet. Das Fadenende sollte dabei etwa 3 x so lang sein wie die gewünschte Anschlagkante – bei dickerem Garn etwas mehr, bei dünnerem etwas weniger.

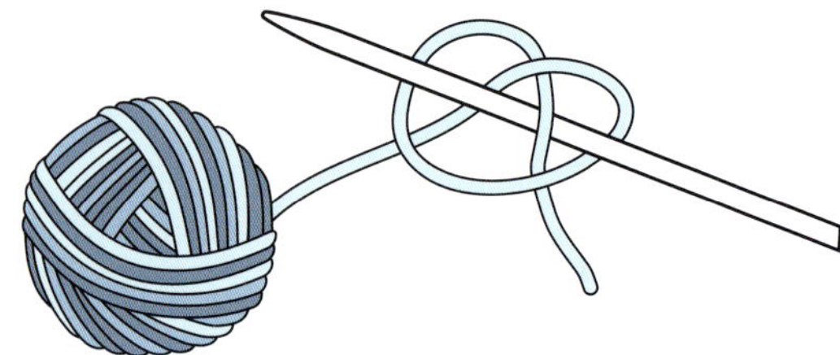

Schritt 2
Den Arbeitsfaden, der mit dem Garnknäuel verbunden ist, über den Zeigefinger führen, das Garnende über den Daumen legen. Die Nadel unter den linken Daumenfaden führen, dann über den linken Zeigefingerfaden und diesen als Schlaufe durch die beiden Daumenfäden hindurch nach vornee ziehen.

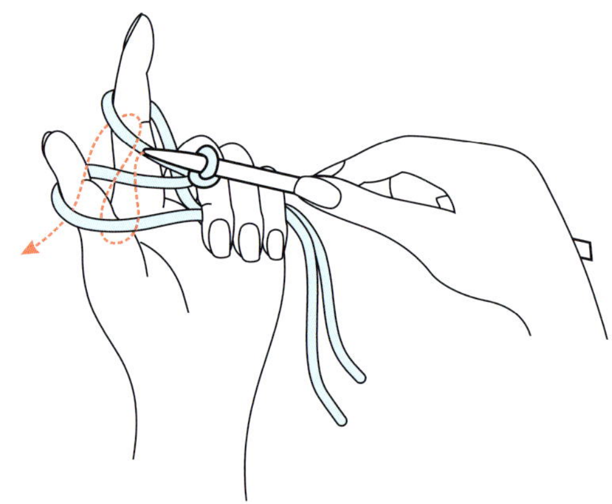

Schritt 3
Die Masche auf der Nadel anziehen und die Fäden auf Daumen und Zeigefinger legen. Schritt 2 und 3 laufend wiederholen.

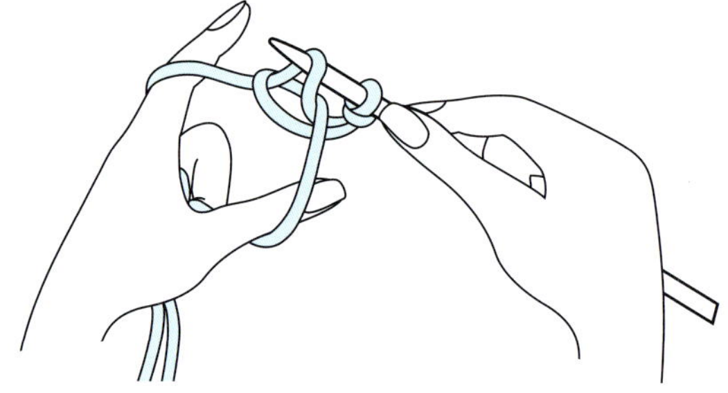

TIPP

Gerade Anfänger*innen neigen dazu, den Kreuzanschlag besonders fest auszuführen. Schlag die Maschen dann einfach statt mit nur einer mit zwei parallel zusammengelegten Nadeln an, so wird der Anschlag etwas lockerer. Sollte dein Anschlag umgekehrt stets zu locker ausfallen, verwende für die Anschlagsreihe eine um ein bis zwei Nadelstärken dünnere Nadel.

MASCHEN AUFSCHLINGEN

Das Aufschlingen von Maschen ist die simpelste Anschlagstechnik, bildet allerdings eine wenig stabile Kante, weshalb sich diese Methode ausschließlich für weniger strapazierte Stücke oder für nur kurze Anschläge eignet. Bei dieser Technik wird mit nur einem Faden gearbeitet, am Ende der Reihe oder nach dem Bilden der Grundschlinge werden schrittweise Schlaufen auf die Nadel gelegt. Das Aufschlingen praktiziert man z.B. innerhalb des Strickstücks, wenn an einem Rand zusätzlich Maschen aufgenommen werden sollen. Beispiele hierfür sind das Stricken der Finger bei Handschuhen und Fäustlingen oder das Arbeiten von Knopflöchern.

Schritt 1

Die Nadel mit der Anfangsschlinge in der rechten Hand halten und den Arbeitsfaden um den Daumen legen. Dabei den Arbeitsfaden leicht festziehen.

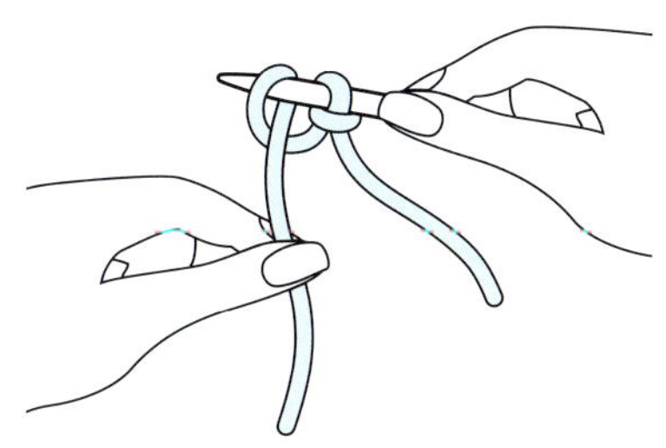

Schritt 2

Den Faden um die Nadel führen und diesen Vorgang so oft wiederholen, bis die gewünschte Anzahl Maschen aufgeschlungen ist.

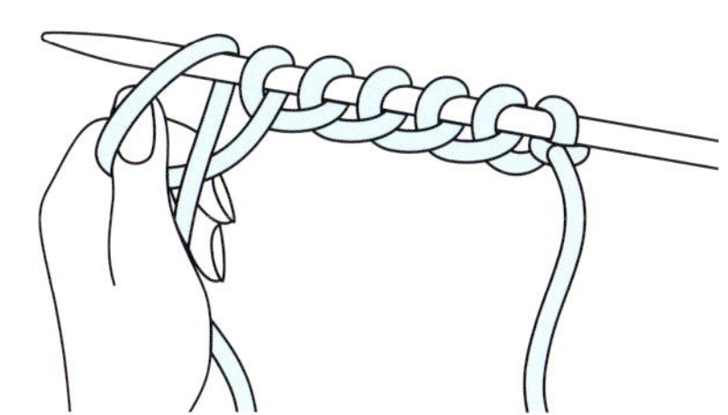

ITALIENISCHER ANSCHLAG FÜR RIPPENMUSTER

Der italienische Anschlag ist eine Methode für Fortgeschrittene, er gehört zugleich zu den wichtigsten Anschlagstechniken für Strickstücke mit Bündchen wie Pullover, Socken oder Strickjacken. Die Technik erzeugt eine elastische und runde Kante für Rippenmuster. Die Maschen werden zunächst auf spezielle Art auf die Nadel gewickelt.

Daher verrutschen die Maschen der ersten Reihe unter Umständen einmal auf der Nadel. Diese Technik benötigt daher zunächst ein wenig Übung, doch mit etwas Erfahrung und Routine wird dir auch der italienische Anschlag leicht von der Hand gehen.

Schritt 1
Faden über Daumen und Zeigefinger platzieren und eine Schlaufe auf die Nadel legen, sodass der Zeigefingerfaden über dem Daumenfaden liegt. Das Fadenende dabei ebenso wie beim Kreuzanschlag in etwa 3 x so lang lassen wie die zukünftige Anschlagkante.

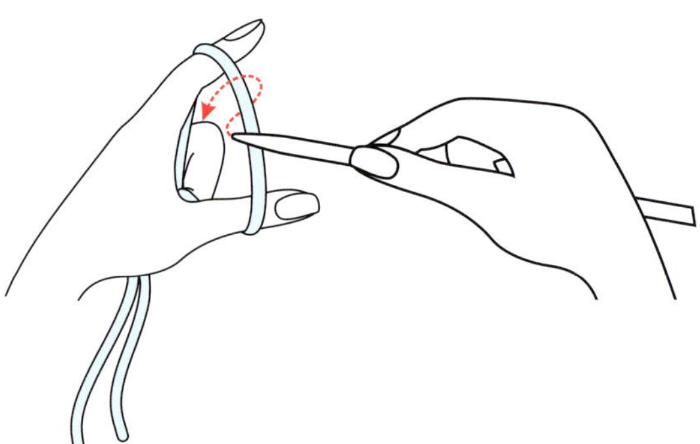

Schritt 2
Den Zeigefingerfaden unter dem Daumenfaden hindurchholen und als Schlinge auf die Nadel legen.

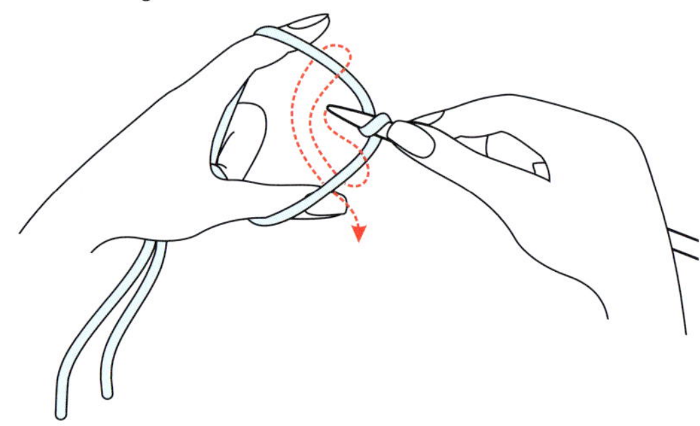

Schritt 3
Für die nächste Schlinge die Nadel über den Zeigefingerfaden führen und den Daumenfaden fassen, nach oben holen und auf die Nadel legen.

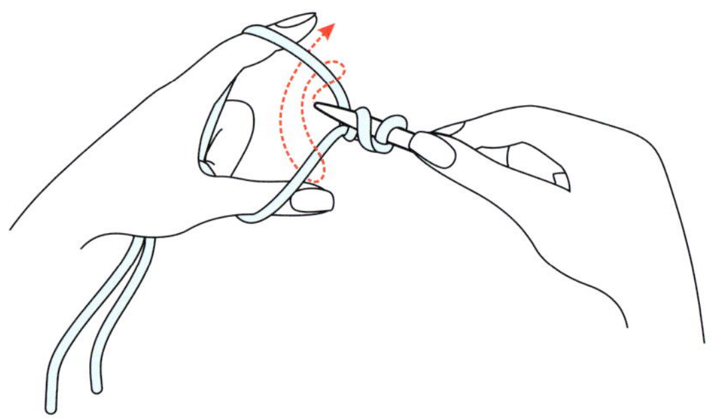

Schritt 4
Diese beiden Schritte abwechselnd wiederholen, bis die gewünschte Anzahl Maschen als Schlingen auf der Nadel liegt.

Achte darauf, dass die neuen Maschen sich nicht verdrehen. Rechte und linke Maschen kannst du dann gut erkennen. Allerdings liegen in dieser Grundreihe die rechten Maschen noch verkehrt herum auf der Nadel! Sie müssen in der nächsten Reihe also verschränkt abgestrickt werden.

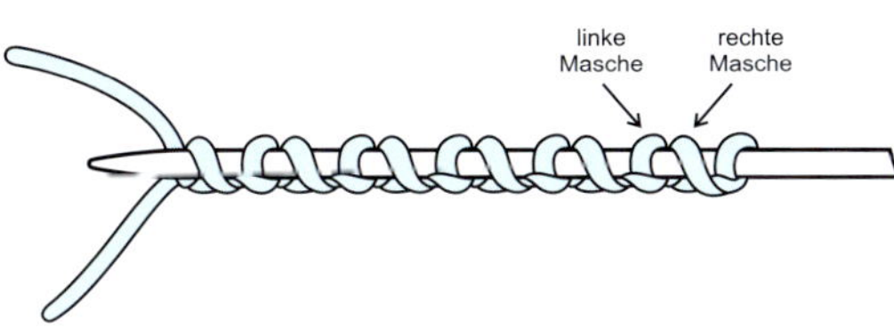

ITALIENISCHER ANSCHLAG FÜR DIE 1/1-RIPPE

Diese Technik ergibt eine elastische und sehr saubere Kante für ein einfaches Rippenbündchen. Sie eignet sich besonders für Kleidung.

Die 1/1-Rippe besteht abwechselnd aus einer rechten und einer linken Masche. Hast du die ersten Maschen mithilfe des italienischen Anschlags, wie auf der linken Seite erklärt, vorbereitet, strickst du nun die erste Reihe, indem du die rechten Maschen verschränkt abstrickst und die linken Maschen wie zum Linksstricken abhebst, den Faden dabei vor der Nadel halten.

In den nächsten drei Reihen strickst du jeweils die rechten Maschen normal rechts, die linken Maschen hebst du wie zum Linksstricken ab, der Faden liegt dabei vor der Arbeit.

Anschließend führst du das 1/1-Bündchen einfach normal fort: Du strickst von nun an alle rechten Maschen rechts und die linken Maschen links.

PROVISORISCHER ANSCHLAG

Bei manchen Strickprojekten ist es notwendig, die zunächst gearbeitete Anschlagkante später noch einmal aufzulösen.

Es könnte sein,
» ... dass an dieser Kante in die entgegengesetzte Richtung weitergestrickt werden soll, wozu die zunächst angeschlagenen Maschen möglichst unsichtbar aufgenommen werden müssen.
» ... dass die Anschlagkante als offene Kante mithilfe des Maschenstichs mit einer anderen Kante unsichtbar zusammengenäht werden soll.
» ...dass die Kante in einheitlicher Technik zusammen mit anderen Kanten abgekettet werden soll.

Für diese Zwecke kann der Anschlag zunächst provisorisch gearbeitet werden.

PROVISORISCHER ANSCHLAG MIT HÄKELNADEL

Schritt 1

Bilde mit einem kontrastfarbenen Faden, dessen Garnstärke der des späteren Arbeitsfadens entspricht, eine Anfangsschlaufe.

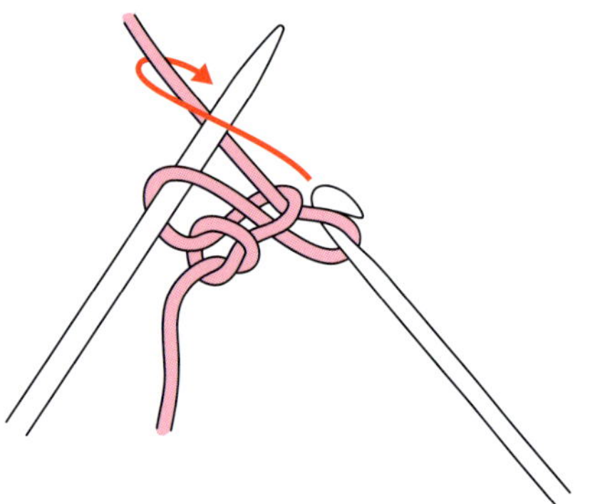

Schritt 2

Lege mithilfe einer Häkelnadel die benötigte Anzahl Maschen auf die Stricknadel, indem du Luftmaschen häkelst und diese Masche für Masche auf die Stricknadel gleiten lässt.

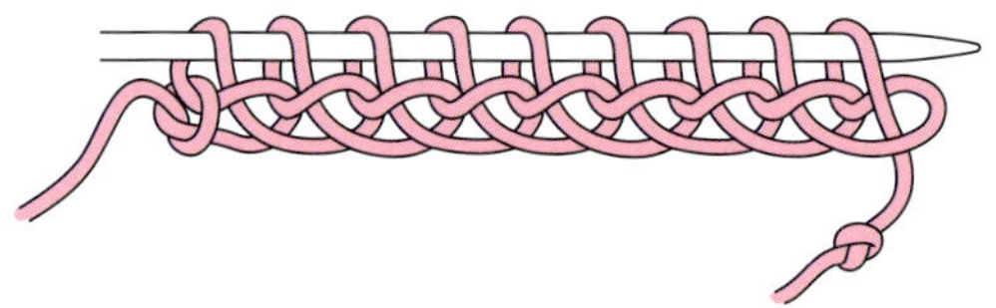

Schritt 3

Arbeite dann die erste Reihe mit dem Arbeitsfaden. Dies entspricht einer Hinreihe.

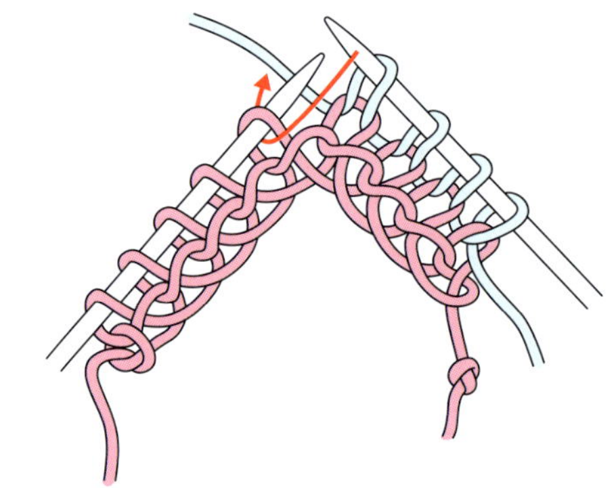

Schritt 4

Der provisorische Anschlag wird später von der Seite aufgelöst, an der er in der Anschlagsreihe beendet wurde (= Ende der Luftmaschenkette).

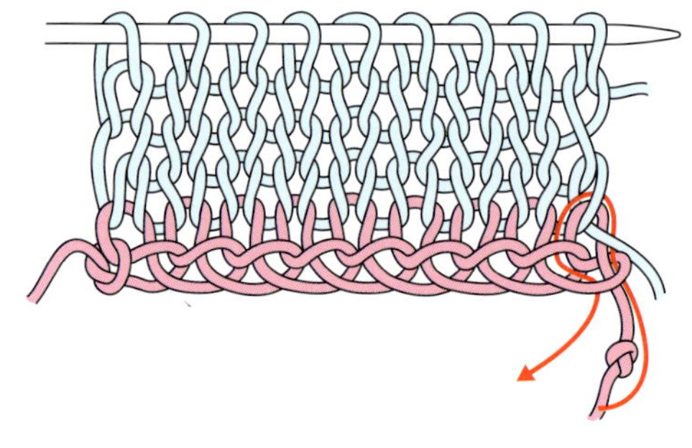

PROVISORISCH AUF DEM SEIL

Maschen können auch direkt auf einer weiteren Rundstricknadel oder einem Stück Restgarn provisorisch angeschlagen werden. Wenn du mit einem Nadelsystem arbeitest, kannst du die Maschen auch auf einem Nadelseil provisorisch anschlagen.

Lege dazu eine Anfangsschlaufe auf die Arbeitsnadel (diese wird nicht als Masche gezählt). Halte Arbeitsnadel und Nadelseil zusammen in der rechten Hand, das andere Ende des Nadelseils in der linken Hand, sodass es „gespannt" zwischen beiden Händen liegt. Der Arbeitsfaden liegt über dem Zeigefinder der linken Hand.

Schritt 1

Führe die Nadel vor dem Seil unter dem Seil hindurch nach oben zum Arbeitsfaden. Hole den Arbeitsfaden unter dem Nadelseil hindurch. Fixiere dabei die Anfangsschlaufe auf der Arbeitsnadel. Auf dem Seil liegen jetzt zwei Schlaufen, auf der Nadel die Anfangsschlaufe und eine neue Schlaufe.

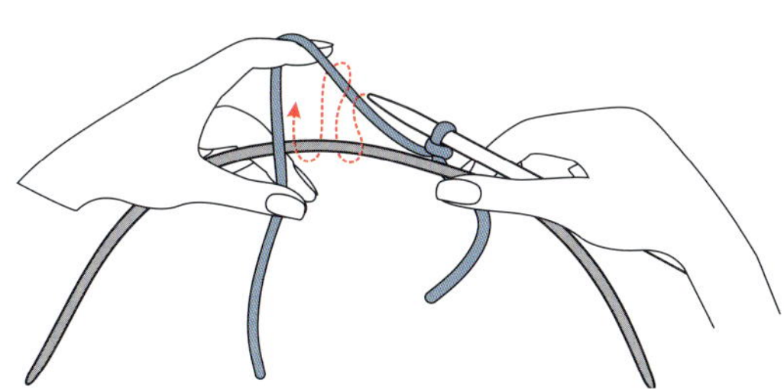

Schritt 2

Führe nun die Nadel hinter den Arbeitsfaden, um eine weitere Schlaufe auf die Nadel zu legen.

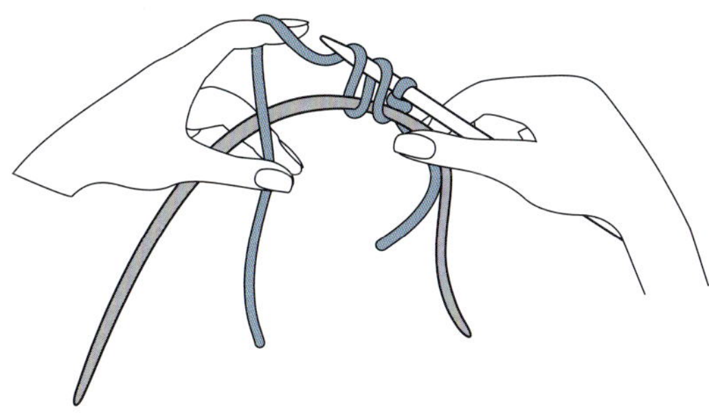

Schritt 3

Auf dem Seil liegen weiterhin zwei Schlaufen, auf der Nadel die Anfangsschlaufe und zwei weitere Schlaufen. Du hast somit zwei Maschen provisorisch angeschlagen.

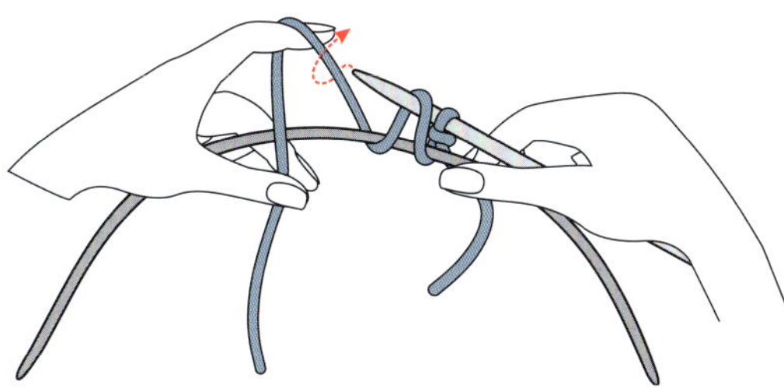

Schritt 4

Wiederhole Schritt 1 und 2, bis die gewünschte Anzahl an Maschen auf der Nadel liegt. Wende nun Nadel und Seil und stricke über die Maschen auf der Nadel nach Anleitung die erste Reihe. Die Anfangsschlaufe am Reihenende wird dabei einfach aufgelöst.

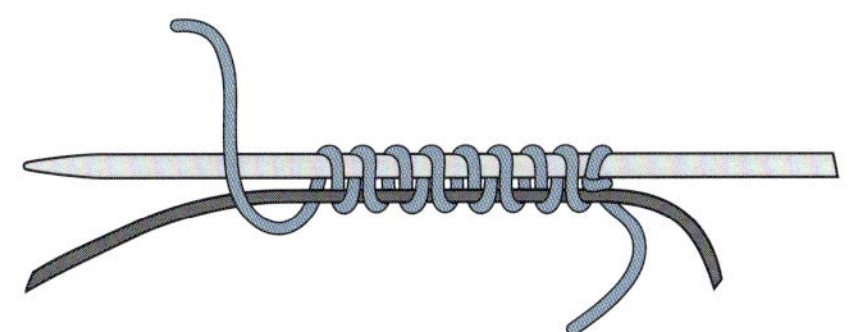

VERSCHRÄNKTE MASCHEN

Außer den einfachen Grundmaschen, den rechten und den linken Maschen, gibt es einige spezielle Maschenarten. Sobald du das Prinzip verschränkter und abgehobener Maschen sowie der Umschläge verstanden hast, kannst du dich auch an kompliziertere Strickmuster wagen.

Verschränkte Maschen werden bewusst verdreht gestrickt, das Maschenbild wirkt durch diese Drehung etwas plastischer.

RECHTE MASCHEN VERSCHRÄNKT STRICKEN

Halte den Arbeitsfaden hinter der Nadel. Dann führst du die rechte Nadel anstatt von links vorne von rechts hinten in die nächste Masche ein und holst den Arbeitsfaden durch. Verschränkte Maschen liegen anschließend verkreuzt im Maschenbild.

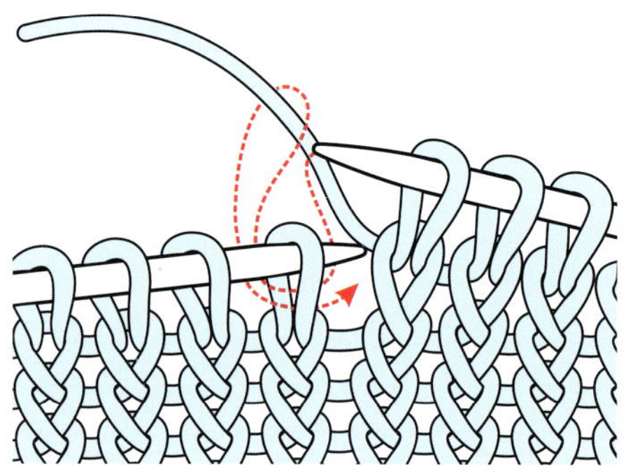

LINKE MASCHEN VERSCHRÄNKT STRICKEN

Um eine linke Masche verschränkt zu stricken, legst du den Arbeitsfaden wie für eine normale linke Masche vor die Nadel. Führe die rechte Nadel hinter dem hinteren Maschenschenkel ein und hole den Arbeitsfaden durch.

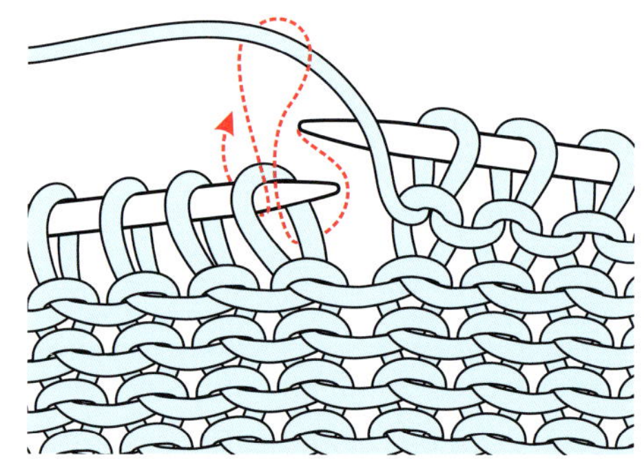

RANDMASCHEN

Je nach Projekt und Strickmuster kann eine andere Art von Randmasche sinnvoll sein. Randmaschen grenzen dein Strickstück links und rechts ein und können entweder dafür sorgen, dass sie einen möglichst schönen Rahmen bilden oder dass du möglichst gut an den Seiten weiterarbeiten kannst, z.B. für das Verbinden von zwei Strickstücken oder das Herausstricken von neuen Maschen.

KNÖTCHENRAND

Auch der Knötchenrand ergibt einen festen Rand. Er eignet sich besonders zum Herausstricken von rechten Maschen. Verschiedene Varianten des Knötchenrands sind möglich:

1. Variante: Einfacher Knötchenrand

Ergibt ein Knötchen für zwei Reihen. In jeder Reihe wird die erste Masche ungestrickt wie zum Rechtsstricken abgehoben und die letzte Masche rechts gestrickt. Der einfache Knötchenrand eignet sich für Arbeiten, die kraus rechts gestrickt werden.
Hinreihen: Rechts abheben ... rechts.
Rückreihen: Rechts abheben ... rechts.

2. Variante: Fester Knötchenrand

Wird auch als doppelter Perlrand bezeichnet. Die Randmaschen werden stets rechts gestrickt, es entsteht ein Knötchen in jeder Reihe.
Hinreihen: Rechts ... rechts.
Rückreihen: Rechts ... rechts.

3. Variante: Schweizer Rand

Entspricht dem festen Knötchenrand in linken Maschen. Er empfiehlt sich dann, wenn der Rand möglichst unelastisch sein soll, z.B. für angestrickte Blenden, die beim Annähen von Knöpfen nicht ausleiern dürfen.
Hinreihen: Links ... links.
Rückreihen: Links ... links.

I-CORD-RANDMASCHE

Die I-Cord-Randmasche ergibt ein dem Kettrand ähnliches Ergebnis.

1. Variante

Hinreihen: Die ersten beiden Maschen links abheben (Faden vor der Arbeit) ... die letzten beiden Maschen links stricken.
Rückreihen: Die ersten beiden Maschen rechts abheben (Faden hinter der Arbeit) ... die letzten beiden Maschen rechts stricken.

2. Variante

Hinreihen: Die ersten beiden Maschen rechts abheben (Faden hinter der Arbeit) ... die letzten beiden Maschen rechts stricken.
Rückreihen: Die ersten beiden Maschen links abheben (Faden vor der Arbeit) ... die letzten beiden Maschen links stricken.

PATENTMUSTER

Das klassische Vollpatent ist ein sehr voluminöses Muster. Aus diesem Grund halten Kleidungsstücke daraus richtig warm. Das Muster sieht auf Vorder- und Rückseite gleich aus.

KLASSISCHES PATENTMUSTER

Gerade Maschenanzahl.
Vorbereitungsreihe: * 1 Masche mit einem Umschlag abheben (Doppelmasche), 1 Masche rechts, ab * wiederholen bis zum Ende.
Alle weiteren Reihen: * 1 Masche mit einem Umschlag abheben, Doppelmasche rechts stricken, ab * wiederholen bis zum Ende.

EINZELNE PATENTMASCHE

Die Masche, die als Patentmasche gestrickt werden soll, wird in jeder Hinreihe als Doppelmasche (DM) rechts gestrickt und in der Rückreihe mit einem Umschlag abgehoben.

PATENTMUSTER IN RUNDEN

Vorbereitungsrunde: Siehe links.
1. Runde: * Umschlag mit abgehobener Masche (Doppelmasche) links zusammenstricken, 1 Masche mit Umschlag wie zum Linksstricken abheben, ab * wiederholen bis zum Ende.
2. Runde: * 1 Masche mit Umschlag abheben, Doppelmasche rechts zusammenstricken, ab * wiederholen bis zum Ende.

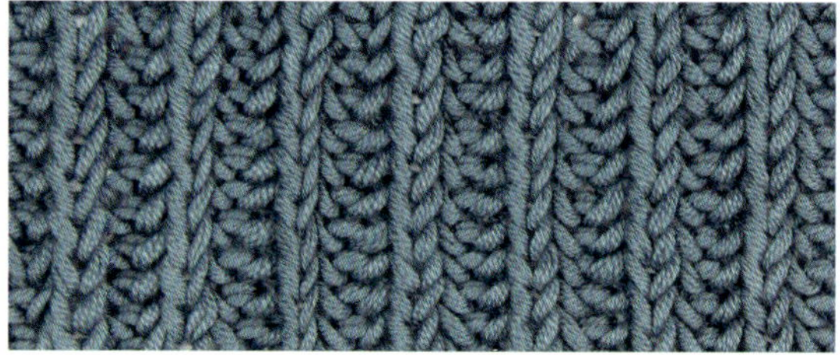

ZUNAHMEN

Zunahmen aus dem Querfaden sind besonders beliebt, da sie sich sehr schön in ein glatt rechtes Maschenbild einfügen. Gerne werden sie auch links und rechts von einer oder mehreren Mittelmaschen gestrickt. In diesem Fall arbeitet man sie gegengleich – einmal nach rechts und einmal nach links geneigt.

NACH RECHTS GENEIGT AUS DEM QUERFADEN

Schritt 1

Mit der linken Nadel von hinten nach vorne den Querfaden zwischen der rechten und linken Nadel aufnehmen.

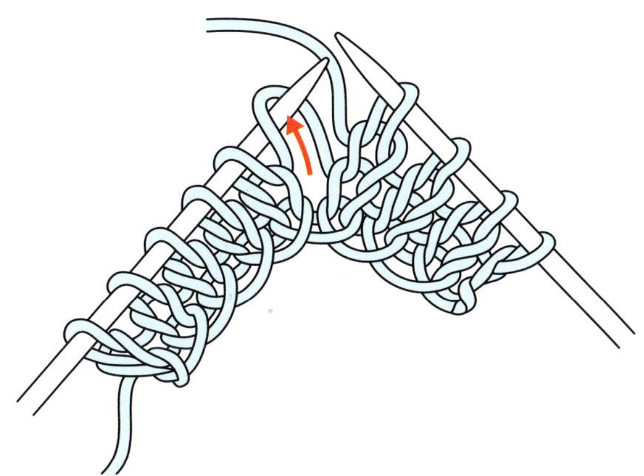

Schritt 2

Diesen Querfaden normal rechts abstricken …

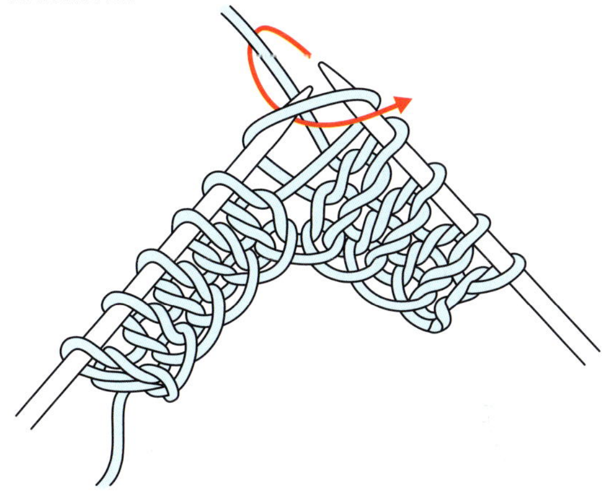

Schritt 3

…und von der linken Nadel gleiten lassen.

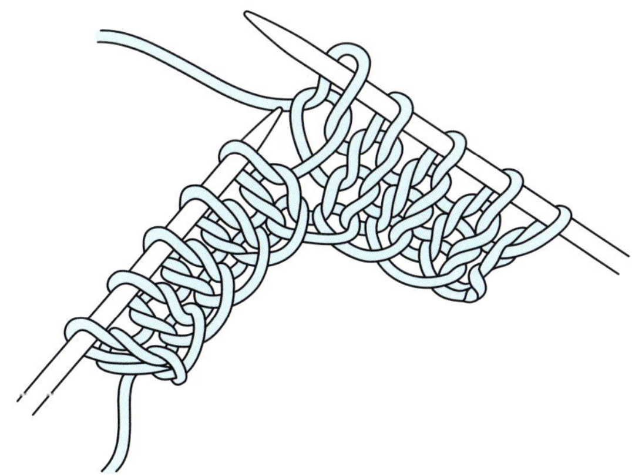

NACH LINKS GENEIGT AUS DEM QUERFADEN

Schritt 1
Mit der linken Nadel von vorne den Querfaden zwischen der rechten und linken Nadel aufnehmen.

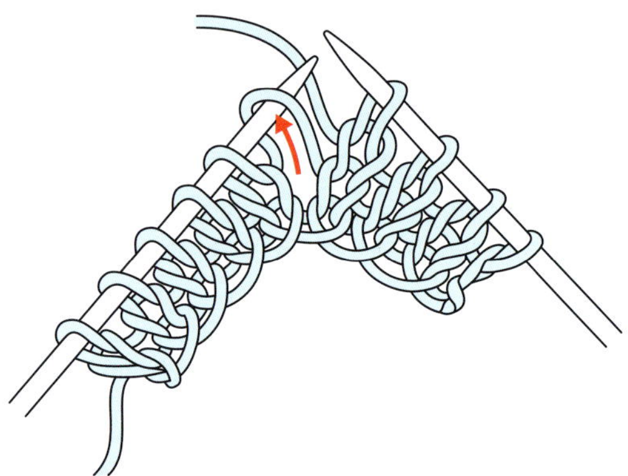

Schritt 2
Diesen Querfaden rechts verschränkt stricken …

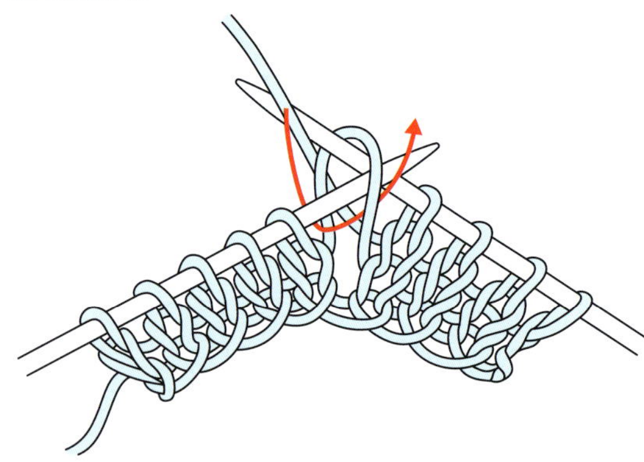

Schritt 3
… und von der linken Nadel gleiten lassen.

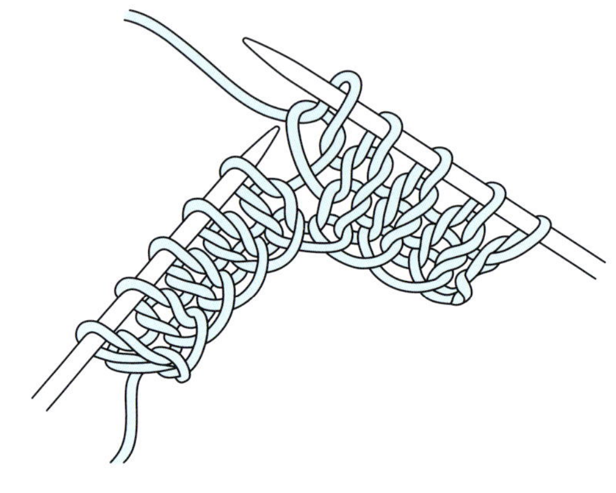

ZUNAHMEN IM PATENTMUSTER

Schritt 1

Den Umschlag zusammen mit der Masche rechts abstricken, aber auf der linken Nadel lassen, einen neuen Umschlag machen und noch einmal den Umschlag auf der linken Nadel zusammen mit der Masche rechts abstricken.

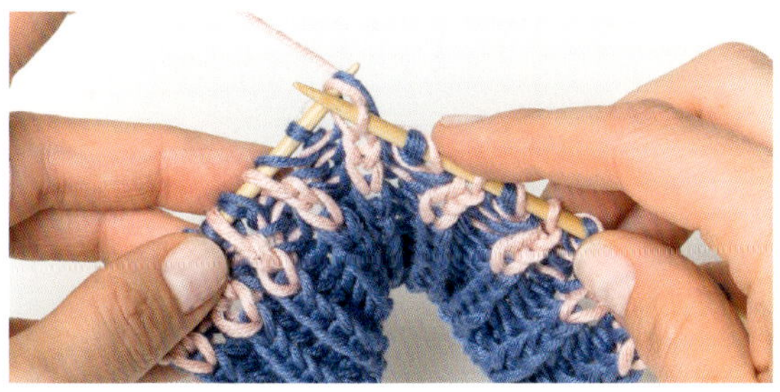

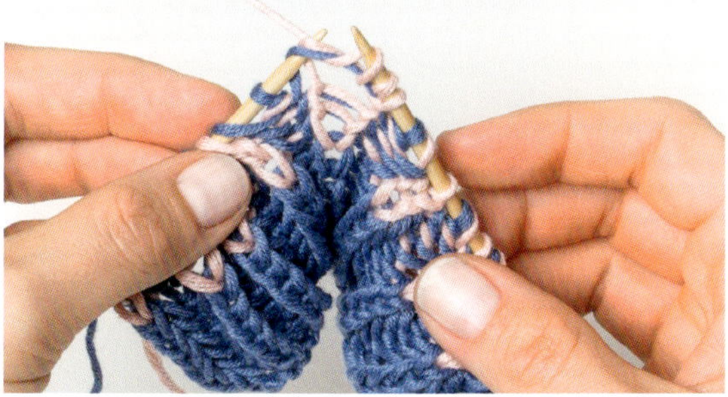

Schritt 2

Auf der linken Seite erfolgt die Zunahme analog, nur dass die Patentmasche links anstatt rechts gestrickt wird.

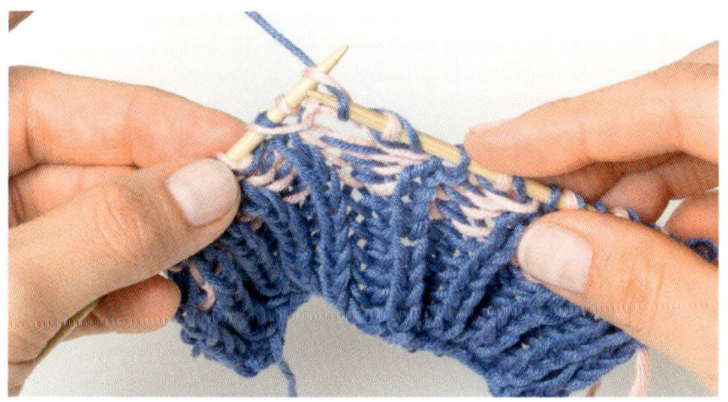

Schritt 3

In der kommenden Reihe (also auf der anderen Seite) stricke die drei Maschen aus der Zunahme wie folgt: Die erste Masche mit einem Umschlag abheben ...

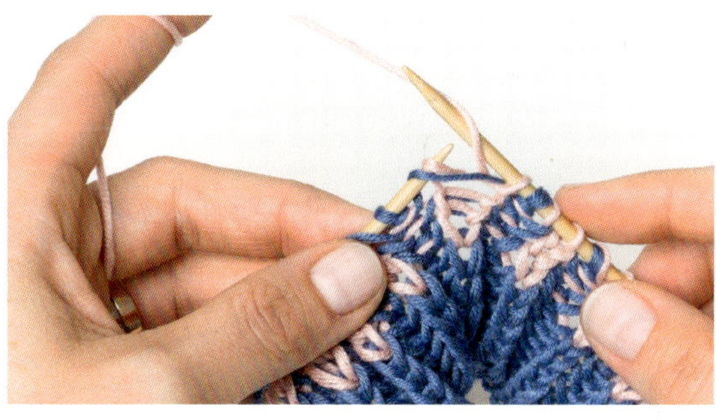

Schritt 4

... die mittlere Masche rechts (bzw. bei einer Zunahme auf der linken Seite links) stricken und dann ...

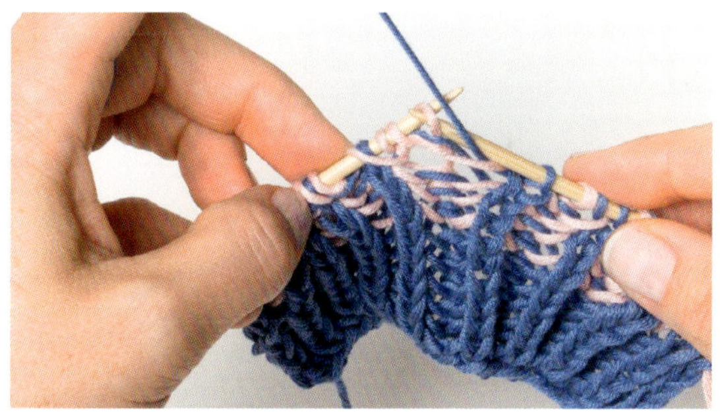

Schritt 5

... die letzte der drei Maschen wieder mit einem Umschlag abheben.

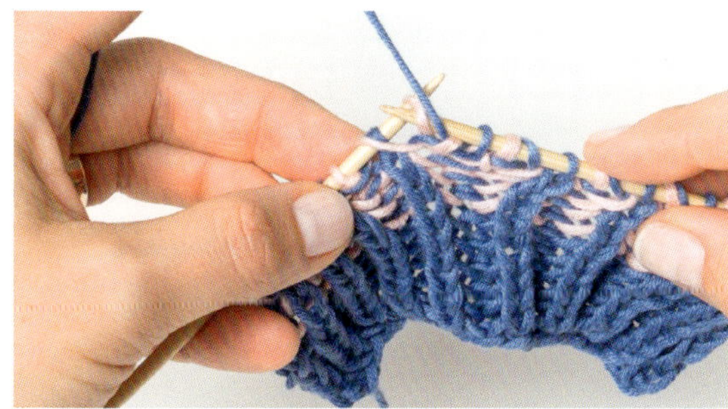

ABNAHMEN

Abnahmen können sowohl innerhalb eines Strickstücks als auch am Rand gestrickt werden. Grundsätzlich reduzierst du die Maschenzahl an der entsprechenden Stelle, indem du eine oder mehrere Maschen miteinander abstrickst. Je nach Art der Abnahme erscheint sie nach links oder nach rechts geneigt.

NACH RECHTS GENEIGTE ABNAHME: 2 MASCHEN RECHTS ZUSAMMENSTRICKEN

Schritt 1

Führe die rechte Nadel von links nach rechts erst durch die übernächste, dann durch die nächste Masche der linken Nadel.

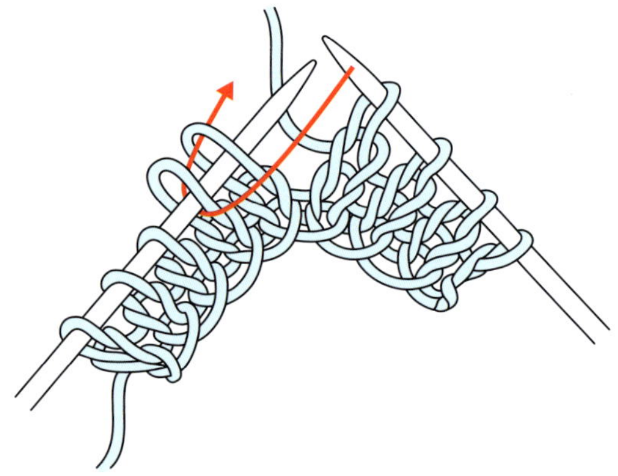

Schritt 2

Hole den Arbeitsfaden wie zum Rechtsstricken durch.

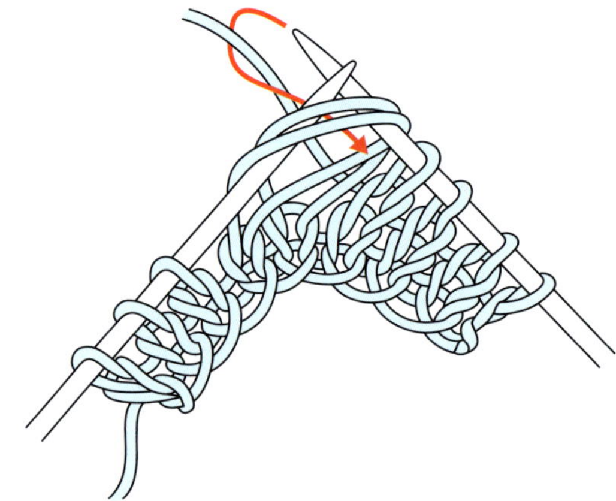

Schritt 3

Lass beide Maschen von der linken Nadel gleiten. Auf diese Weise kannst du natürlich auch drei oder mehr Maschen zusammenstricken.

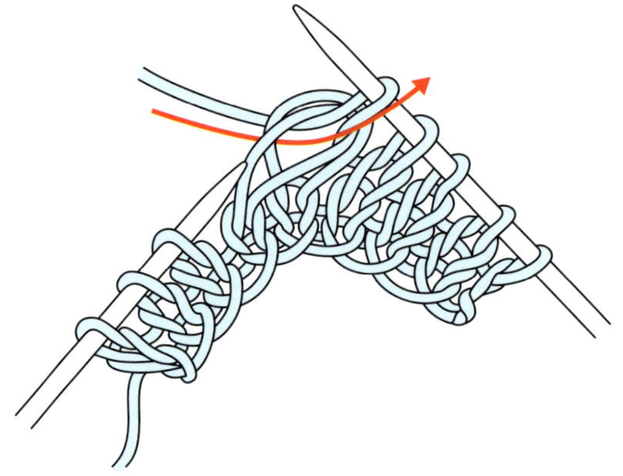

TIPP

Alternativ können als linksgeneigte Abnahme auch 2 Maschen rechts abgehoben zusammengestrickt werden. Dazu die beiden Maschen einzeln wie zum Rechtsstricken abheben, danach zurück auf die linke Nadel legen (sodass sie verdreht auf der Nadel liegen) und anschließend verschränkt zusammenstricken.

NACH LINKS GENEIGTE ABNAHME: 2 MASCHEN RECHTS ÜBERZOGEN ZUSAMMENSTRICKEN

Schritt 1

Die erste Masche wie zum Rechtsstricken abheben.

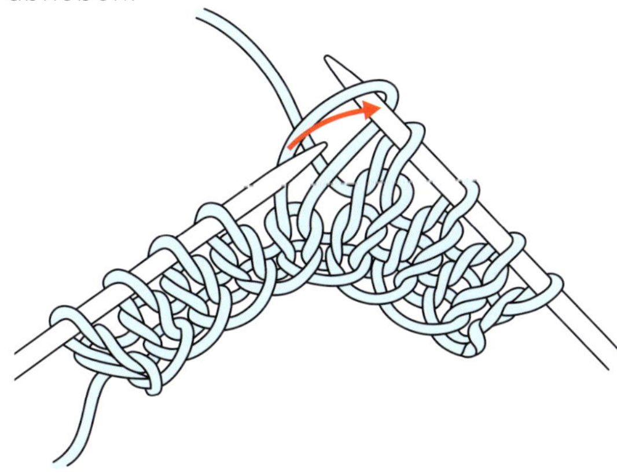

Schritt 2

Die nächste Masche rechts stricken.

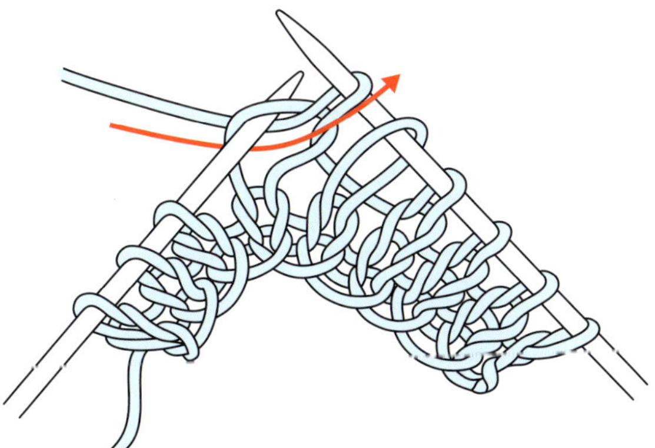

Schritt 3

Die zuvor abgehobene Masche von rechts nach links überziehen.

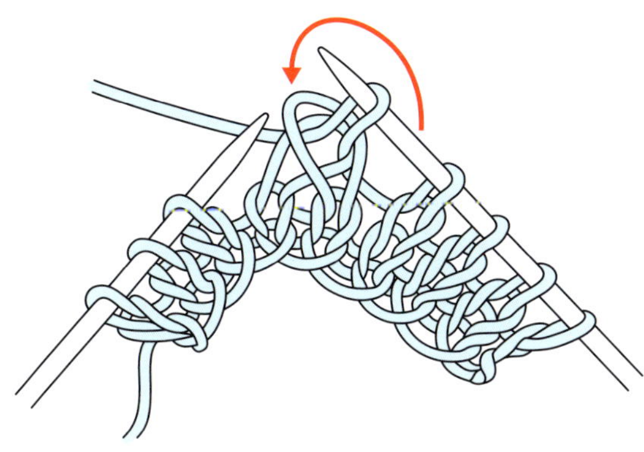

PATENTABNAHMEN NACH RECHTS GENEIGT

Schritt 1

Die nächste Patentmasche (den Umschlag zusammen mit der Masche) wie zum Linksstricken abheben (der Faden liegt vor der Arbeit).

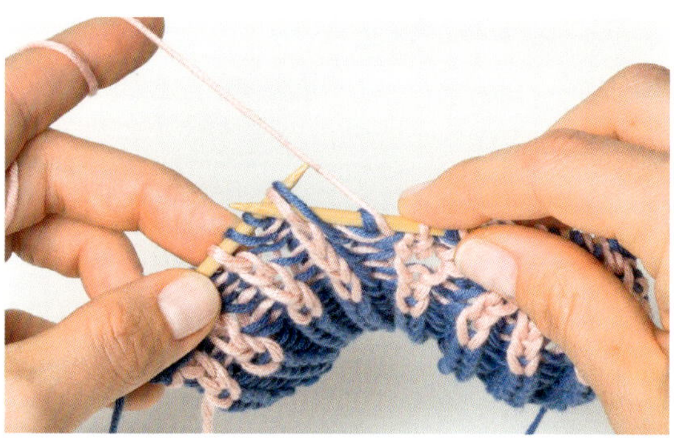

Schritt 2

Die nächste Masche rechts stricken, die abgehobene Patentmasche überziehen …

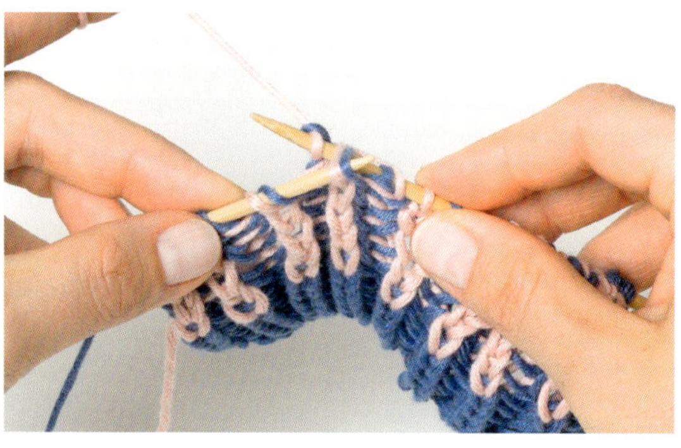

Schritt 3

… und dann zurück auf die linke Nadel heben.

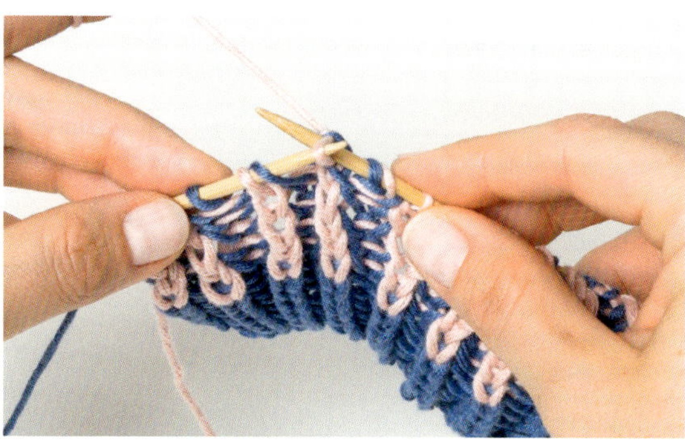

Schritt 4

Die darauffolgende Patentmasche (also eine Masche mit einem Umschlag) über die eben zurückgelegte Masche von links nach rechts überziehen (= 2 Maschen abgenommen).

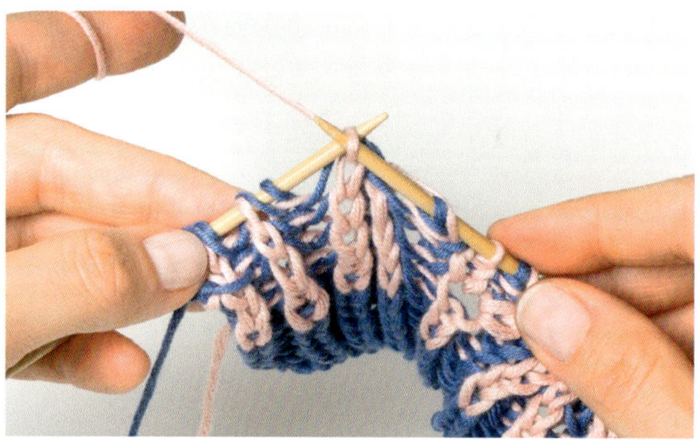

PATENTABNAHME NACH LINKS GENEIGT

Schritt 1
Die nächste Patentmasche (den Umschlag zusammen mit der Masche) wie zum Linksstricken abheben.

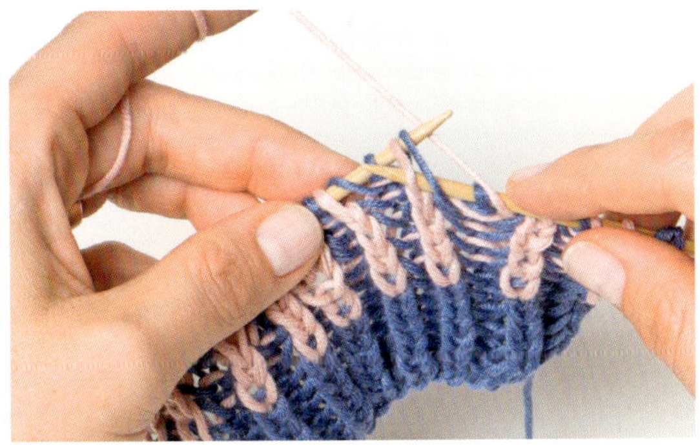

Schritt 2
Die nächste Masche mit der darauffolgenden Masche (also eine Masche, einen Umschlag und eine Masche) zusammenstricken.

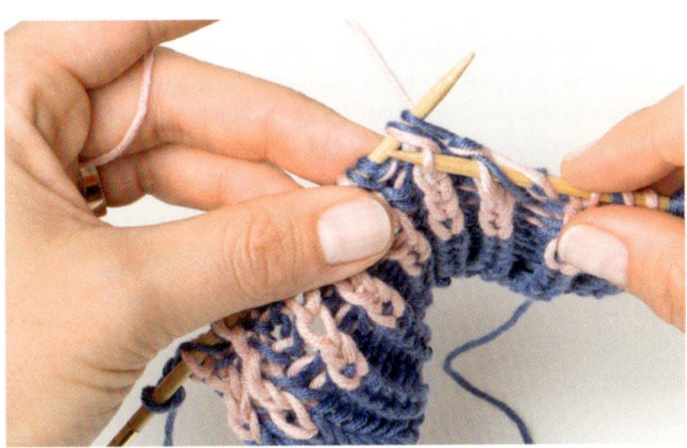

Schritt 3
Dann die zuerst abgehobene Patentmasche (den Umschlag zusammen mit der Masche) überziehen (= 2 Maschen abgenommen).

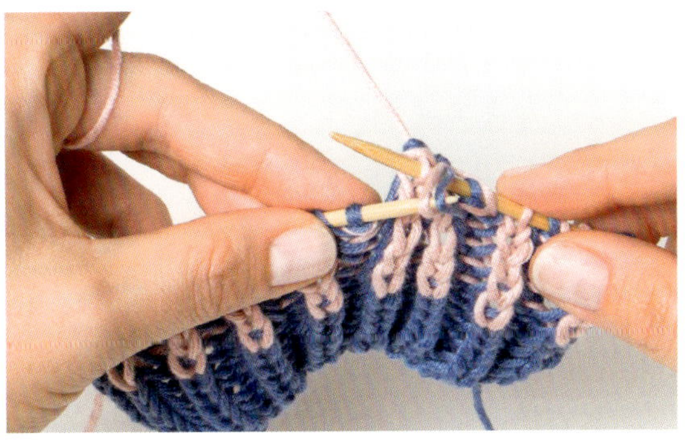

Schritt 4
Die Abnahme erscheint auf der Vorderseite nach links geneigt.

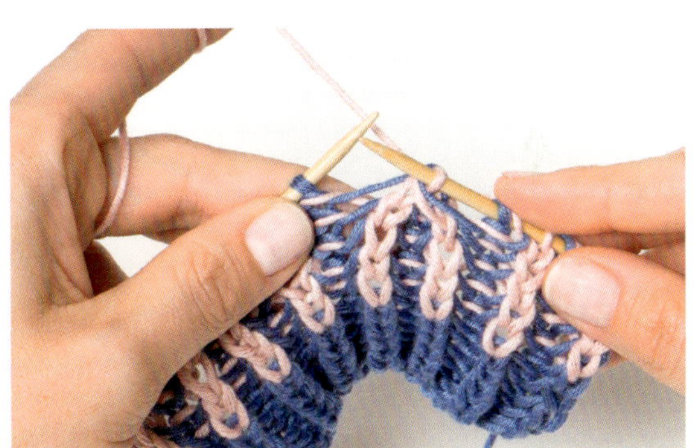

ABKETTEN

Wenn du mit einem Strickstück fertig bist, kettest du alle Maschen ab. Du kannst aber auch innerhalb eines Projekts nur einen Teil der Maschen abnehmen, um beispielsweise den Halsausschnitt zu formen. Je nachdem können verschiedene Techniken angewendet werden.

ELASTISCH ABKETTEN DURCH ÜBERZIEHEN

Häufig ist in Strickanleitungen die Anweisung „locker abketten" zu lesen. In diesem Fall kettest du die Maschen ganz normal durch Überziehen ab, achte dabei aber darauf, den Arbeitsfaden sehr locker zu halten. Grundsätzlich sieht ein locker abgeketteter Rand besser und gleichmäßiger aus als einer, der sich kräuselt, weil er zu fest abgekettet wurde. Um dieses Problem zu vermeiden, kannst du beim Abketten eine größere Nadelstärke verwenden, wodurch die Maschen automatisch lockerer werden. Alternativ gibt es den folgenden Trick:

Schritt 1
Folge den Anweisungen des normalen Abkettens durch Überziehen, aber lass die übergezogene Masche zunächst noch auf der linken Nadel liegen. Stricke daran vorbei die nächste Masche rechts.

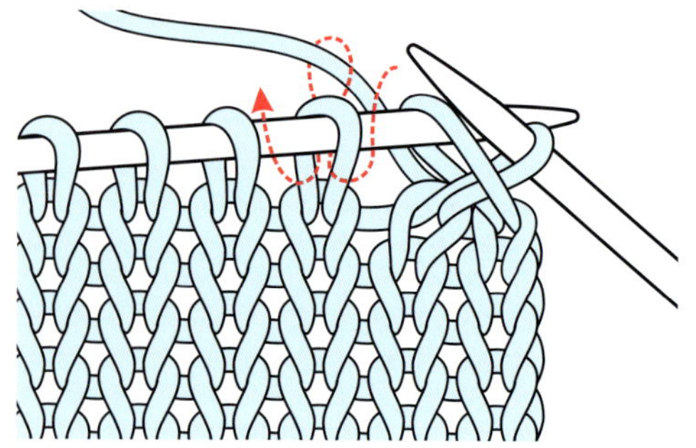

Schritt 2
Lass die eben gestrickte Masche zusammen mit der noch auf der Nadel liegenden übergezogenen Masche von der Nadel gleiten.

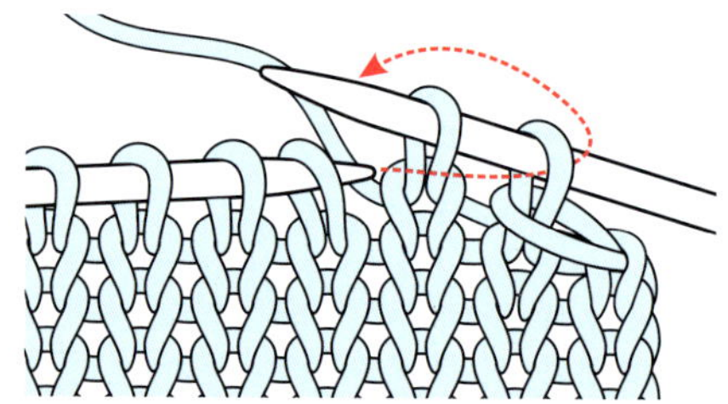

Schritt 3
Wiederhole die Schritte 1 und 2 bis zum Ende. Dieser Trick hilft dir, lockerer abzuketten.

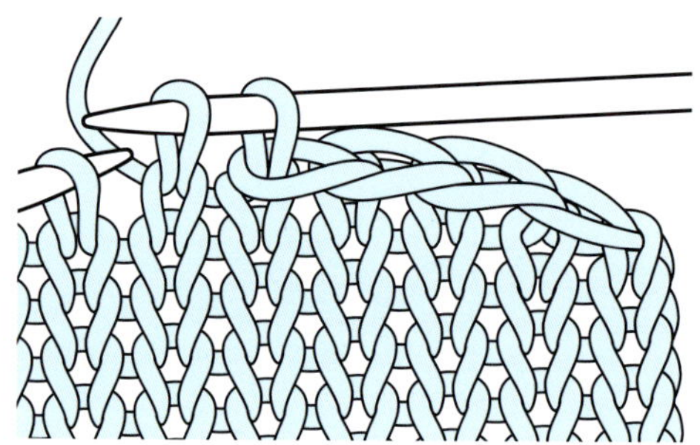

ITALIENISCH ABKETTEN

Schritt 1

Ziehe den in eine Wollnadel eingefädelten Faden von links nach rechts durch die linke Masche.

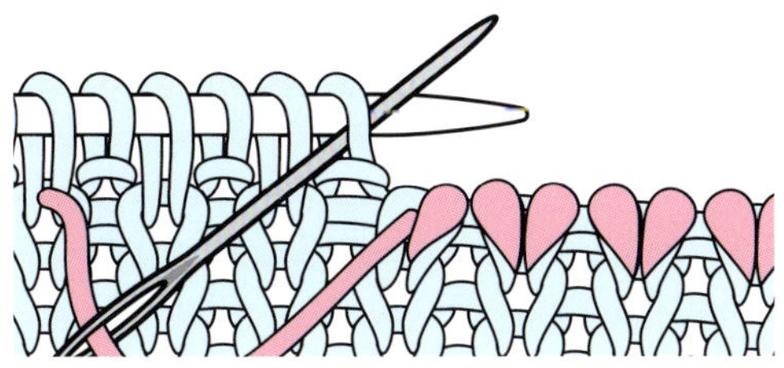

Schritt 2

Stich die Wollnadel von rechts nach links durch die folgende Masche.

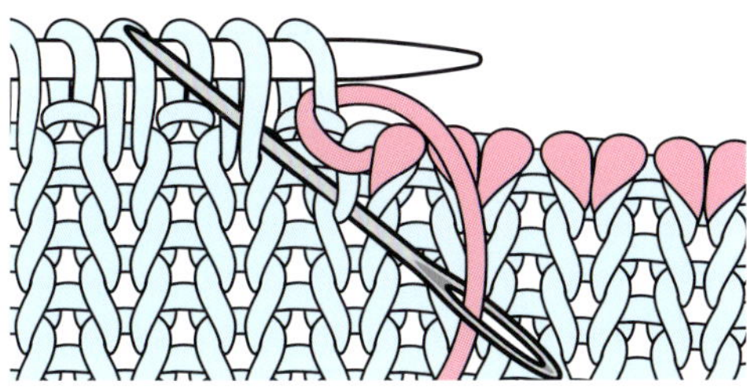

Wiederhole die Schritte 1 und 2 bis zum Ende.

Schritt 3

Ziehe den Faden von rechts nach links noch einmal durch die erste linke Masche. Lass dann die beiden bearbeiteten Maschen von der linken Nadel gleiten.

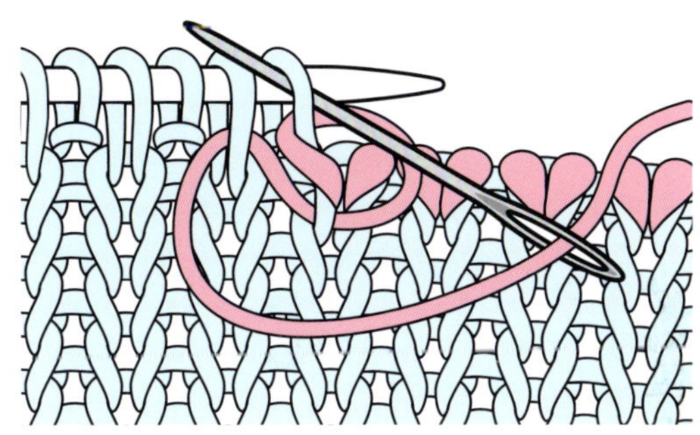

ZWEI KANTEN ZUSAMMEN ABKETTEN

Möchtst du zwei offene Kanten zusammen abketten, z.B. an einer Schulternaht oder an der Kante eines Kissenbezugs, lege die zwei Teile rechts auf rechts aufeinander und arbeite mit einer dritten Stricknadel.

Schritt 1

Stich mit einer dritten Nadel in die jeweils erste Masche auf den beiden Nadeln wie zum Rechtsstricken ein.

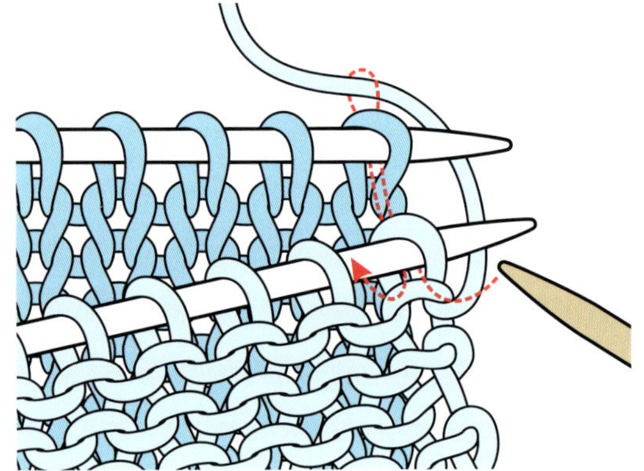

Schritt 2

Hole den Arbeitsfaden durch beide Maschen und lass die beiden Maschen von der Nadel gleiten.

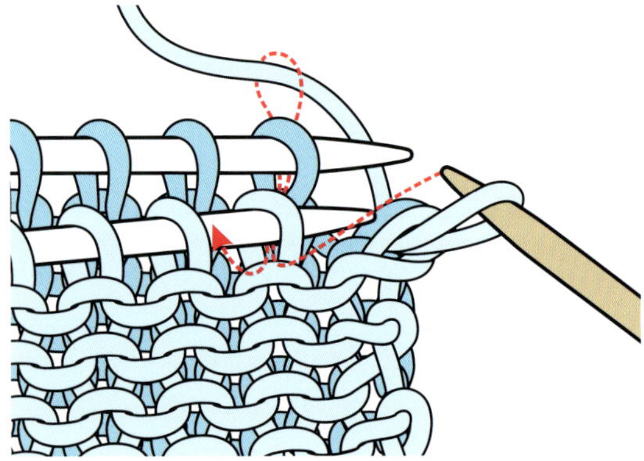

Schritt 3

Wiederhole diesen Schritt mit den nächsten beiden Maschen. Ziehe dann die erste Masche über und fahre bis zum Reihenende fort.

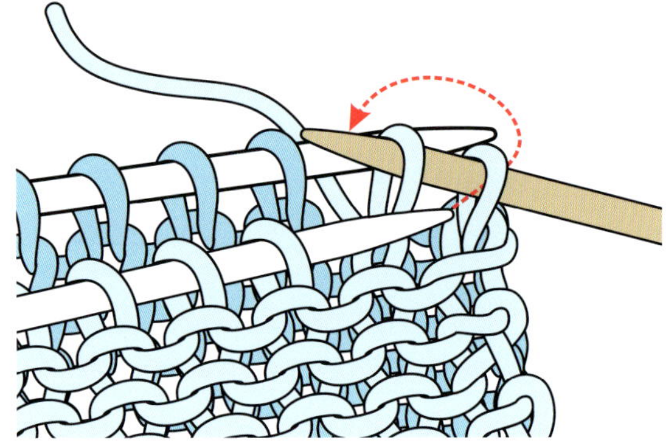

ZÖPFE STRICKEN

Zöpfe stricken ist gar nicht so kompliziert, wie du vielleicht denkst. Am einfachsten funktioniert es mit einer speziellen Zopfnadel. Du kannst zwar auch eine normale Sockennadel als Hilfsnadel verwenden, aber auf dieser können dir die Maschen schnell von der Nadel rutschen.

Zopfmuster entstehen durch das gruppierte Verkreuzen von Maschen. Sobald mehr als zwei Maschen miteinander verkreuzt werden, kommt die Zopfnadel (auch Hilfsnadel) zum Einsatz. Als Beispiel siehst du auf dieser Seite die Verzopfung von drei Maschen über die darauffolgenden fünf Maschen. Die Arbeitsanweisung in einer Anleitung würde folgendermaßen lauten: 3 Maschen auf einer Hilfsnadel vor die Arbeit legen, 3 Maschen rechts, 2 Maschen links, dann die 3 Maschen der Hilfsnadel rechts stricken.

In der Strickanleitung wird stets angegeben …

» … wie viele Maschen auf der Zopfnadel zu platzieren sind
» … ob die Maschen auf der Zopfnadel hinter oder vor die Arbeit gelegt werden
» … wie viele der folgenden Maschen zu stricken sind
» … ob diese rechts oder links gestrickt werden
» … wie (ob rechts oder links) die Maschen von der Zopfnadel wieder abgestrickt werden.

Schritt 1

Drei Maschen auf einer Zopf- oder Hilfsnadel vor die Arbeit legen.

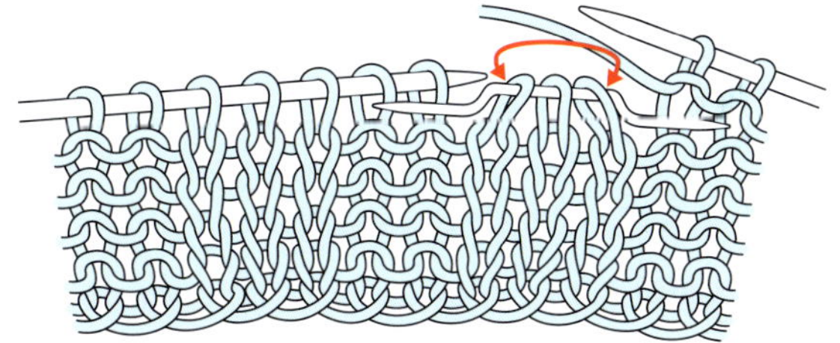

Schritt 2

Die folgenden drei Maschen rechts stricken und die Hilfsnadel derweil vor der Arbeit ruhen lassen.

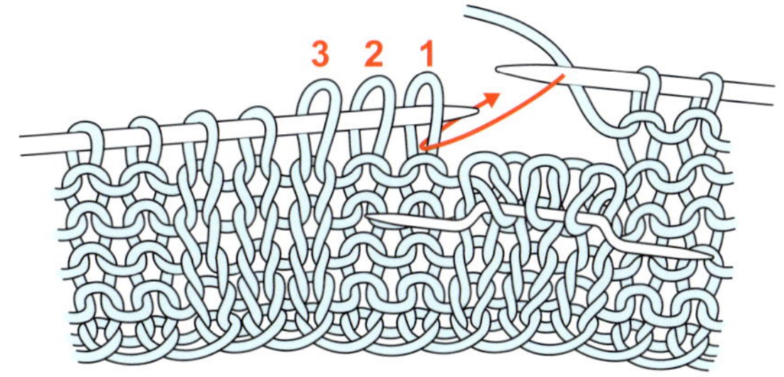

Schritt 3

Dann die nächsten zwei Maschen links stricken …

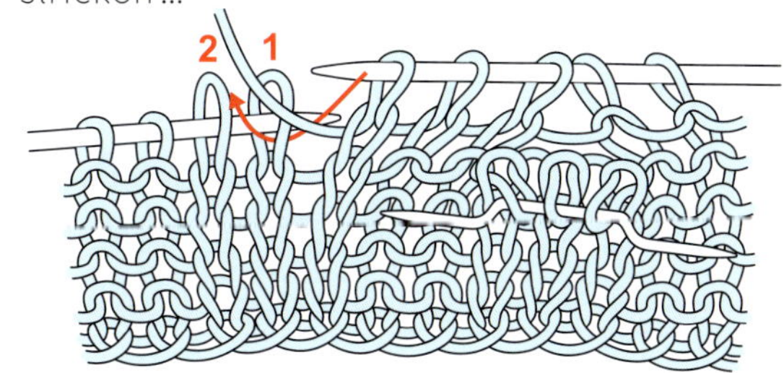

Schritt 4

...und schließlich die Maschen von der Hilfsnadel rechts stricken. Falls es dir einfacher erscheint, kannst du die Maschen dazu auch zunächst auf der linken Nadel platzieren.

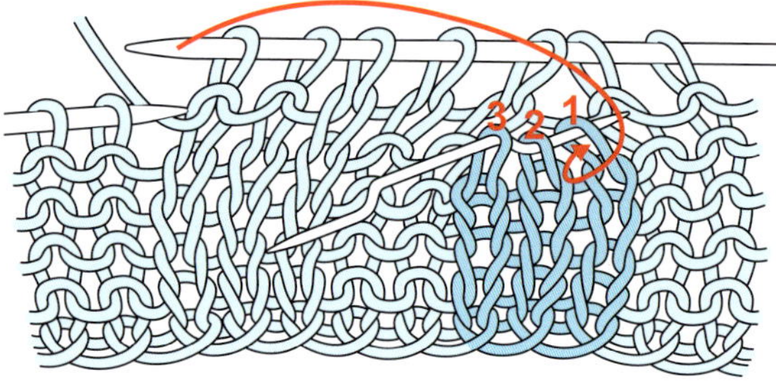

Schritt 5

Im Muster weiterstricken, wie in der Anleitung angegeben.

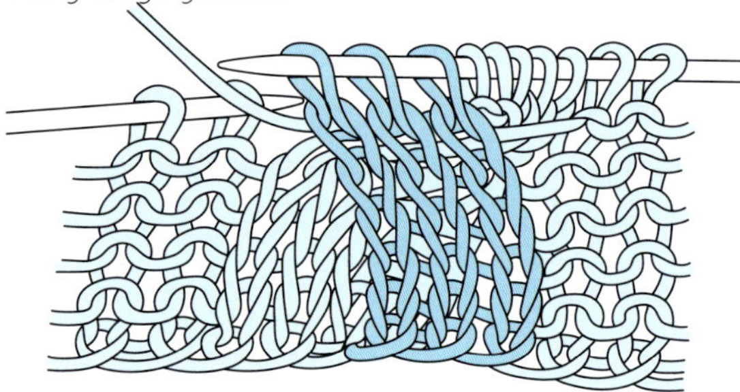

MASCHEN UND REIHEN IM ZOPFMUSTER LESEN

Gerade bei Zopfmustern, die sich über viele Reihen erstrecken, kann man schnell den Überblick darüber verlieren, wie viele Reihen denn nun seit der letzten Verzopfung gestrickt wurden. Es ist also hilfreich, wenn man die Reihen auch innerhalb von Zopfmustern gut zählen lernt.

An der Stelle, an der Maschen verzopft werden, entsteht unweigerlich ein kleines Loch. Dieses kleine Löchlein hilft Ihnen beim Zählen der Reihen. Ziehe das Muster ein wenig auseinander. Zähle dann die Reihen oberhalb des Lochs. Die erste dieser Reihe stellt die letzte Verzopfungsreihe dar. Diese zählst du also nicht mit. In der Abbildung sind von der Verzopfung abgezählt 5 Reihen zu erkennen.

Zopfnadeln gibt es je nach Hersteller in zwei bis drei Stärken. Wähle eine Stärke, die in etwa der genutzten Stricknadelstärke entspricht.

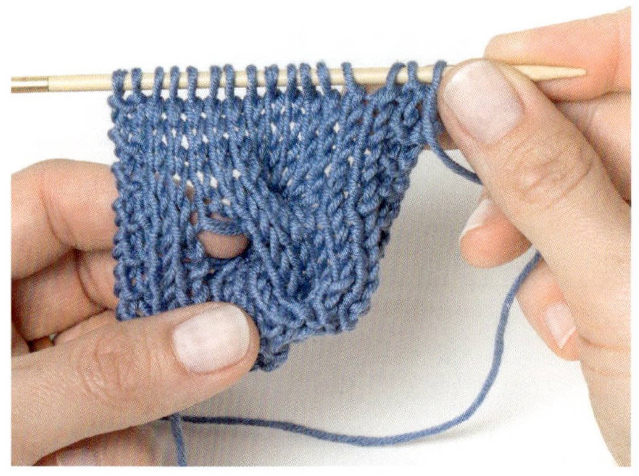

VERKÜRZTE REIHEN

Um verkürzte Reihen zu stricken, wendest du deine Arbeit schon, bevor du beim Ende deiner Reihe angekommen bist bzw. strickst in einer Runde in Reihen hin und her. Dadurch, dass du immer wieder über dieselben Maschen strickst, wird dein Strickstück an dieser Stelle höher als dort, wo du die Maschen vorerst nicht mehr strickst. Indem du eine Doppelmasche einbaust, verhindest du, dass an deiner Wendestelle unschöne Löcher entstehen.

DOPPELMASCHE

Bei dieser Technik wird eine Doppelmasche gearbeitet, indem die Masche der Wendestelle nach der Wendung abgehoben und übergezogen wird. Wichtig ist dabei, später beide Schenkel der Masche als eine gemeinsame Masche zu zählen und zu stricken.

TIPP

Findet die Wendung in einer links gestrickten Reihe statt, wird ebenso nach der Wendung die erste Masche (in diesem Fall dann eine rechte Masche) einfach wie zum Linksstricken abgehoben (der Arbeitsfaden liegt vornee). Danach wird der Arbeitsfaden über die Masche nach hinten gezogen.

Schritt 1

Nach der Wendung die erste Masche mit dem Faden vor der Arbeit wie zum Linksstricken abheben.

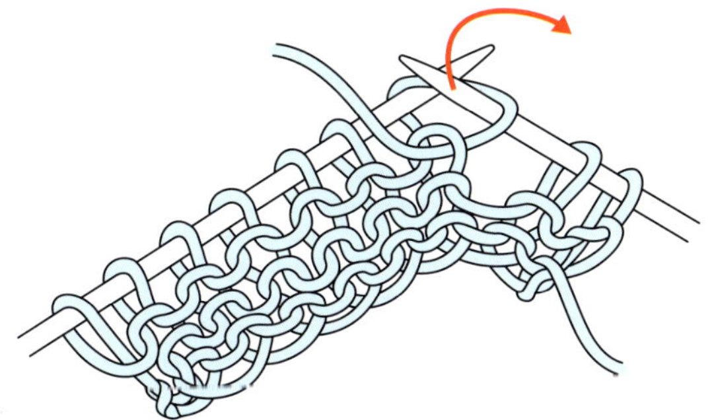

Schritt 2

Den Arbeitsfaden über die rechte Nadel und die eben gestrickte Masche nach hinten ziehen, sodass beide Maschenschenkel zu sehen sind.

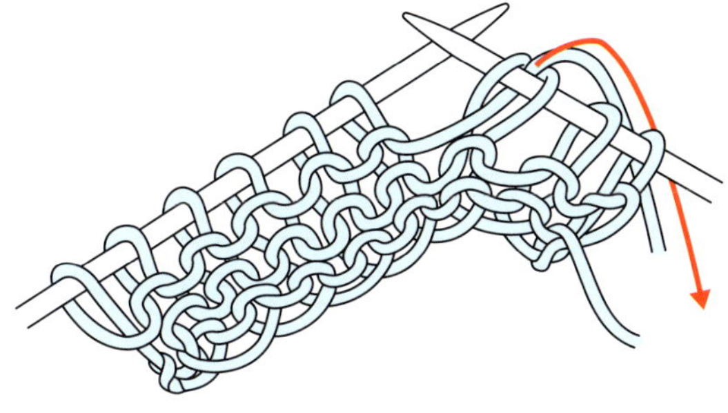

TIPP

In englischsprachigen Anleitungen wird diese Technik als German Short Rows bezeichnet.

TEILE VERBINDEN

Wenn du mit dem Stricken fertig bist und alles abgekettet hast, kannst du die einzelnen Stücke zusammennähen. Du benötigst dafür eine stumpfe Wollnadel. Es gibt verschiedene Varianten, je nachdem, in welchem Muster du gestrickt hast und ob du beispielsweise eine Schulter- oder Seitennaht benötigst.

MASCHENSTICH

Mithilfe des Maschenstichs können zwei Kanten unsichtbar aneinandergenäht werden. Teile, die so miteinander verbunden wurden, sehen aus, als wären sie in einem Stück gestrickt worden. Also fast nahtlos.

Arbeite von rechts nach links. Stich von hinten in die Mitte der unteren ersten Masche. Führe die Nadel unter den beiden Maschengliedern der darüberliegenden Masche des oberen Teils durch. Stich von oben in die Mitte der ersten unteren Masche und führe die Nadel vorne aus der Mitte der Masche daneben wieder aus. Nun die zwei Maschenschenkel der darüberliegenden nächsten Masche ergreifen und in dieser Weise bis zum linken Rand weiterarbeiten.

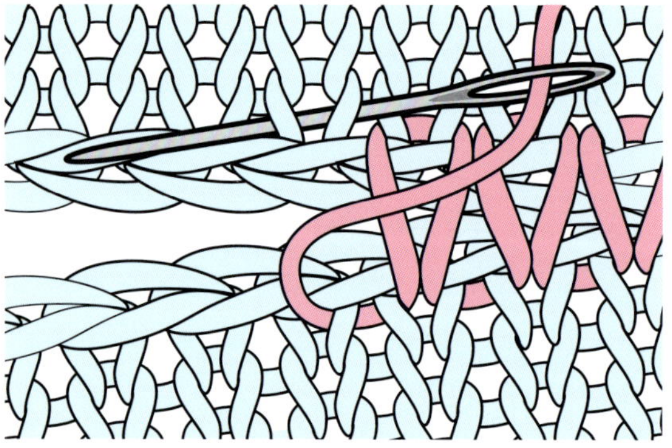

ÜBERWENDLINGSSTICH

Auch für diesen Stich legst du die Teile rechts auf rechts zusammen.

Die Nadel wird stets über den Rand nach hinten geführt und von hinten durch die zwei Teile gestochen.

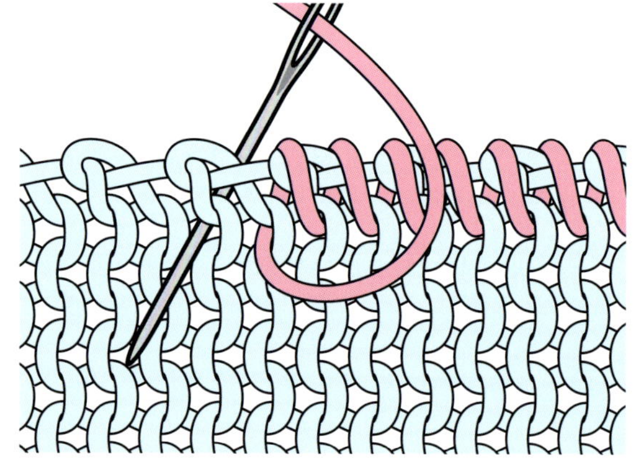

MATRATZENSTICH – REIHE AN REIHE

Seitennähte können mit dem Matratzenstich sauber zusammengefügt werden. Die Randmaschen verschwinden beim sanften Zusammenziehen der Fäden auf die Rückseite des Strickstücks. So entsteht eine beinahe unsichtbare Naht.

Matratzenstich glatt rechts

Lege die Kanten der zu verbindenden Teile mit der jeweils rechten Seite nach oben nebeneinander und fasse mit der Wollnadel die Querfäden zweier Maschen des linken Teils auf, die zwischen Randmaschen und der ersten rechten Masche liegen. Die Wollnadel wird dann von unten nach oben in zwei Querfäden der Maschen auf der parallel gegenüberliegenden Seite geführt. Wiederhole diesen Vorgang bis zum Kantenende und ziehe den Faden dabei regelmäßig sanft fest.

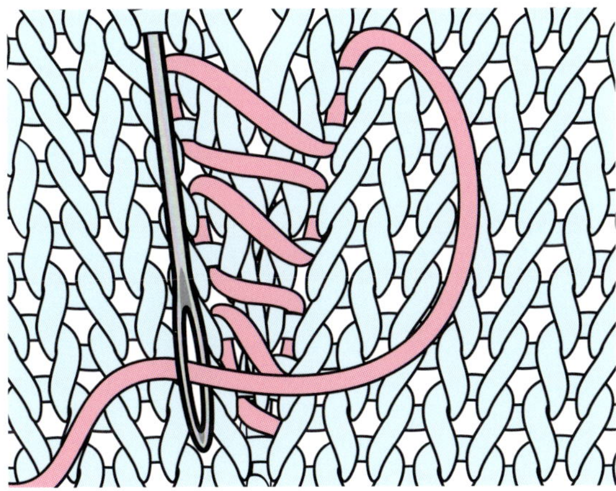

Matratzenstich kraus rechts

Bei kraus rechts Gestricktem führst du die Nadel von unten nach oben abwechselnd rechts und links ein. Dabei werden an der linken Kante stets die nach oben gerichteten Maschenschlaufen ergriffen, an der rechten Kante hingegen die nach unten gerichteten Maschenschlaufen.

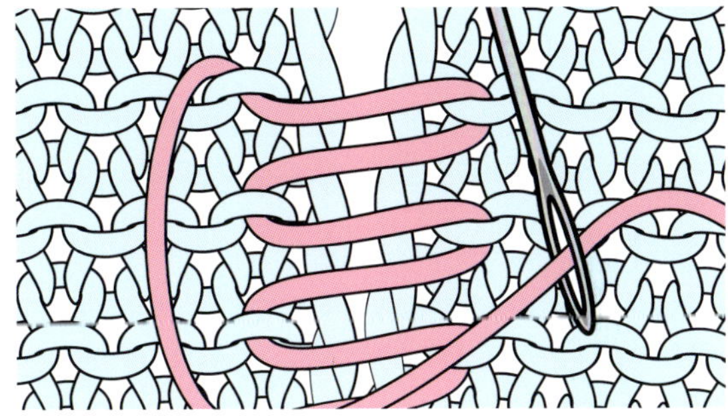

Matratzenstich für andere Muster

Der Matratzenstich kann auf diese Weise auch für alle anderen Muster angewendet werden. Da er auf der rechten Seite des Strickstücks ausgeführt wird, ist jederzeit gut sichtbar, wie er sich in das Maschenbild einfügt.

KNOPFLOCH

Wenn du die Knöpfe nicht nur als Dekoration möchtest, sondern das Gestrickte tatsächlich zuknöpfen möchtest, musst du Knopflöcher einstricken. Dafür nimmst du in einer Reihe Maschen ab und nimmst in der folgenden Reihe die Anzahl der abgenommenen Maschen wieder auf.

WAAGERECHTES KNOPFLOCH ÜBER ZWEI REIHEN

Schritt 1

Bis zur gewünschten Position des Knopflochs stricken, dann die für die Breite des Knopflochs nötige Anzahl Maschen abketten und die Reihe beenden.

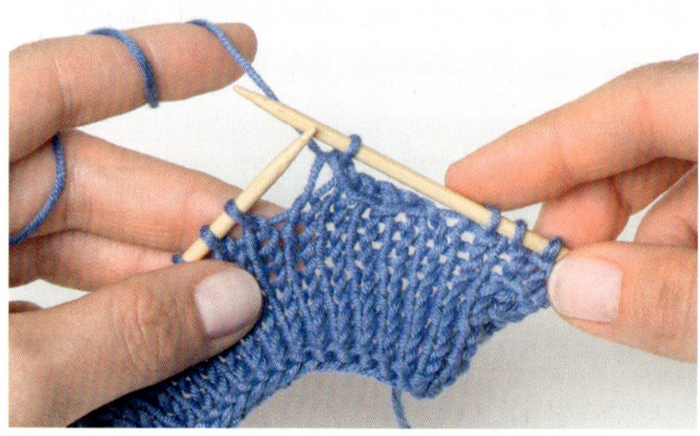

Schritt 2

In der Rückreihe bis zu den eben abgeketteten Maschen stricken, die Arbeit noch einmal wenden und mithilfe des Kordelanschlags die Anzahl der eben abgeketteten Maschen wieder aufnehmen.

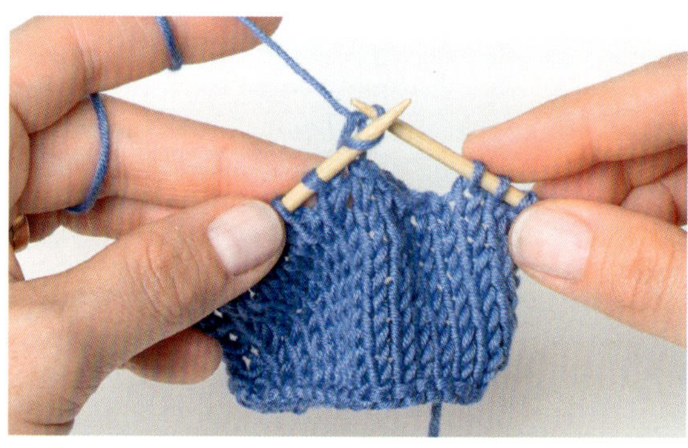

Schritt 3

Vor der letzten aufgenommenen Masche den Arbeitsfaden vor die Arbeit legen.

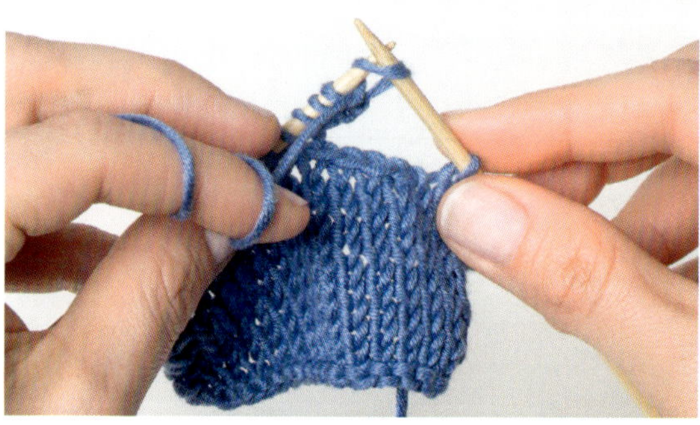

Schritt 4
Die Arbeit wenden und die Reihe beenden.

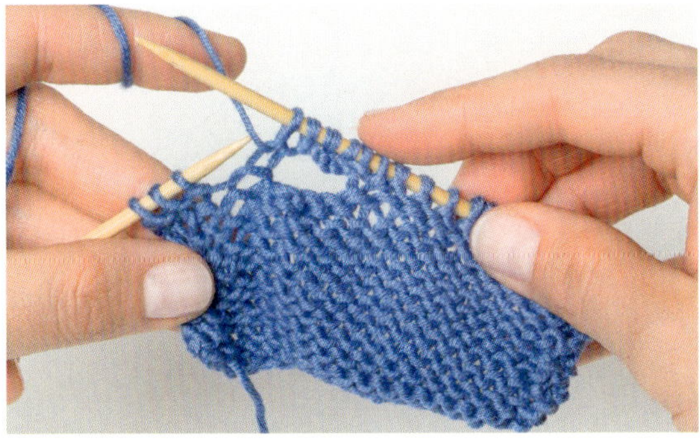

Schritt 5
So sieht das fertige Knopfloch über zwei Reihen aus.

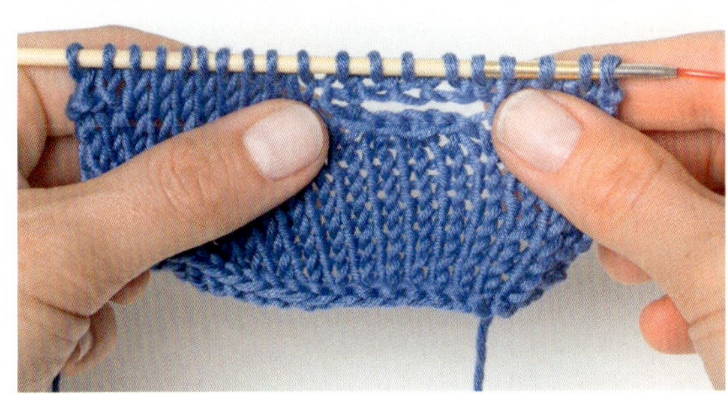

MASCHEN AN EINER SEITENKANTE AUFNEHMEN

Werden Maschen aus einer Seitenkante eines Strickstücks aufgefasst, ist zu beachten: Gestrickte Maschen sind meistens breiter als hoch.

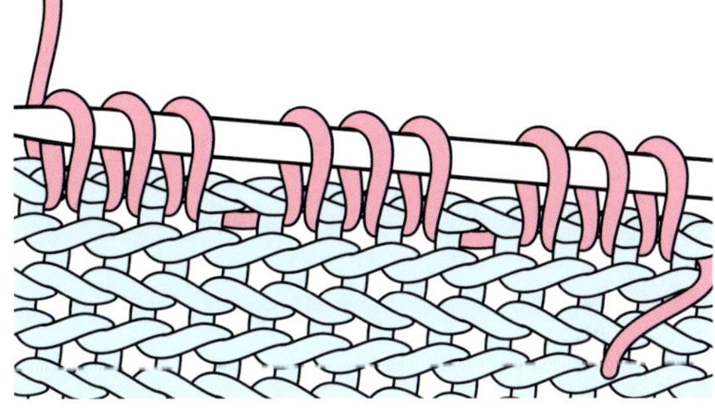

TIPP
Das Verhältnis von Maschen zu Reihen ist bei kraus gestrickten Strickstücken etwa 1:2, bei glatt gestrickten Strickstücken etwa 3:4. Das exakte Verhältnis kann anhand der Maschenprobe bestimmt werden.

Wird aus jeder gestrickten Reihe eine Masche aufgenommen, wird die angestrickte Reihe zu breit. Es entstünde eine Rüsche. Für das Anstricken von Blenden ist es empfehlenswert, zuvor einen Nahtrand zu stricken. Er ergibt für jede Reihe eine feste Masche, aus der gut herausgestrickt werden kann.

TIPP
Möchtest du in einer Kontrastfarbe weiterstricken, fass die Maschen zunächst in der Randmaschenfarbe auf und stricke erst die nächste Reihe in der Kontrastfarbe. Der Übergang wird so schöner und unauffälliger.

HÄKELN AUF STRICK

Mit der Häkelnadel lassen sich die Strickstücke sowohl auf dem Strickgrund als auch rund um die Kanten dekorieren.

KETTMASCHEN AUF DEM STRICKGRUND

Ähnlich wie bei der Stickerei lassen sich mit der Häkelnadel vielerlei Muster auf dem Strickgrund arbeiten. Besonders schöne Farbeffekte kann man durch das andersfarbige Behäkeln linker senkrechter Maschensäulen erzeugen.

Schritt 1
Halte den aufzuhäkelnden Faden hinter das Strickstück und ziehe mit der Häkelnadel eine Schlaufe durch eine linke Masche des Strickstücks.

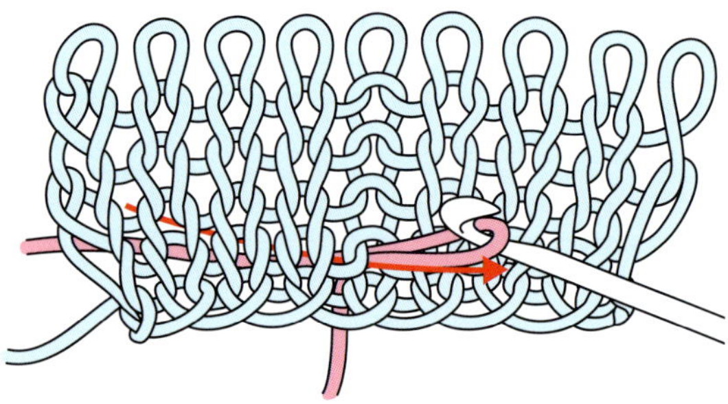

Schritt 2
Halte diese Schlaufe auf der Häkelnadel und hole durch die nächste linke Masche eine weitere Schlaufe durch das Strickstück. Ziehe diese neue Schlaufe durch die auf der Nadel befindliche Schlaufe.

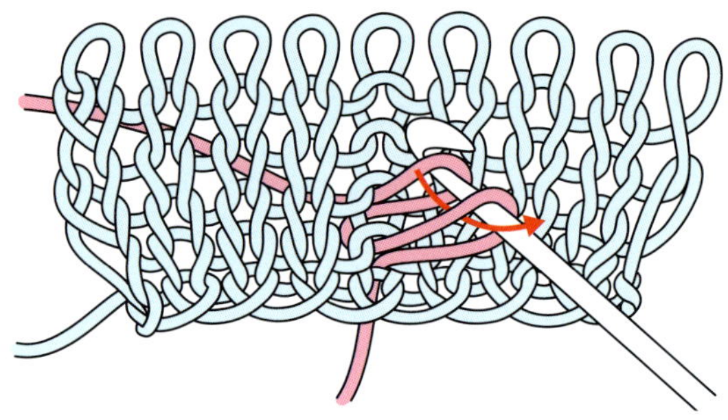

Schritt 3
Wiederhole Schritt 2 fortlaufend.

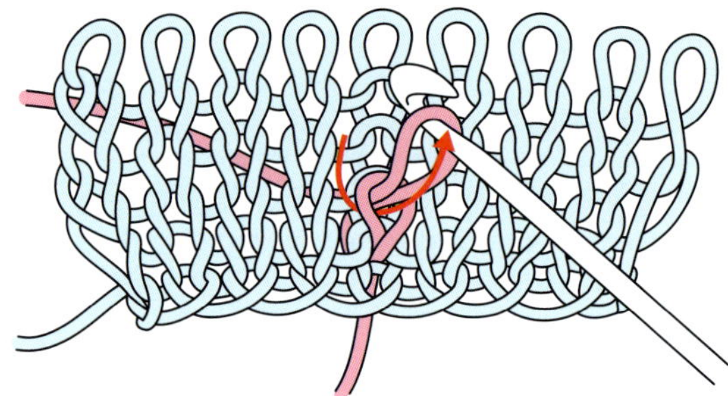

Schritt 4
Auf diese Weise lassen sich die Kettmaschen ebenso am Rand des Strickstücks arbeiten. An Halsausschnitten oder Deckenrändern sieht das besonders dekorativ aus.

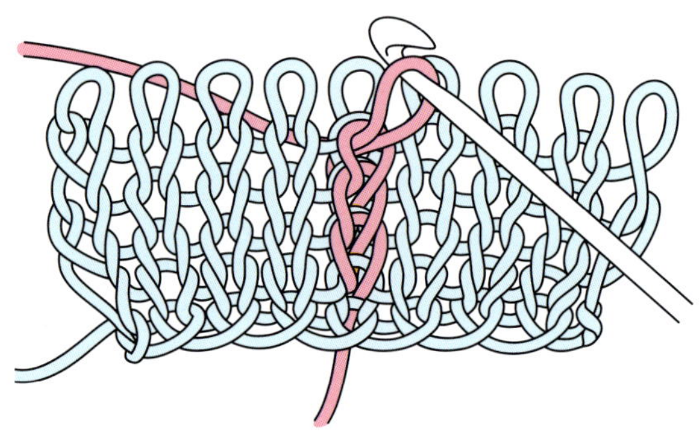

I-CORD-KORDEL

Kordeln zum Schließen von Hosen oder Kapuzen lassen sich nicht nur mit einer Strickliesel, sondern auch ganz easy mit zwei Stricknadeln stricken.

Schritt 1
Kordeln lassen sich auch gut mit zwei Strumpfstricknadeln stricken. Dazu einfach drei bis fünf (oder je nach gewünschter Stärke der Kordel auch mehr) Maschen anschlagen.

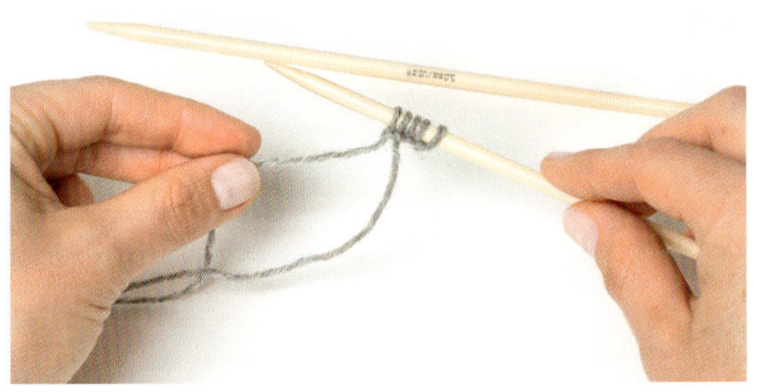

Schritt 2
Eine Reihe stricken, die Arbeit aber nicht wenden, sondern zurück an den Anfang der Nadel schieben und wieder in dieselbe Richtung stricken. Den Faden fest anziehen.

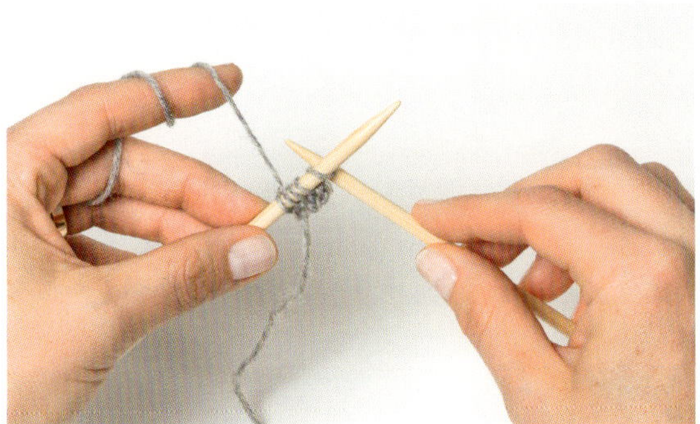

Schritt 3
Wiederholen (die Arbeit nie wenden, sondern immer in dieselbe Richtung stricken), bis die gewünschte Länge erreicht ist.

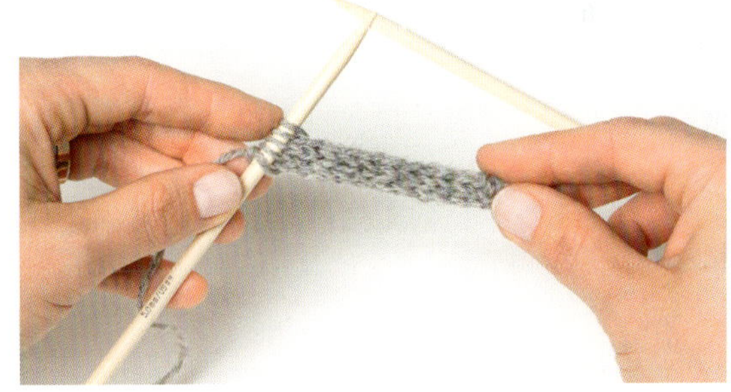

MAGIC LOOP

Kleinere Runden lassen sich nicht nur mit einem Nadelspiel stricken. Das geht auch mit einer Rundnadel mit der Magic-Loop-Technik. Dafür ziehst du das lange Seil einer Rundnadel aus der Mitte der Runde heraus. Man nennt sie auch Zauberschlinge.

Schritt 1

Schlage die gewünschte Anzahl Maschen an und schiebe sie zur Seilmitte. Aus der Mitte der Maschen holst du das Seil als Schlaufe heraus.

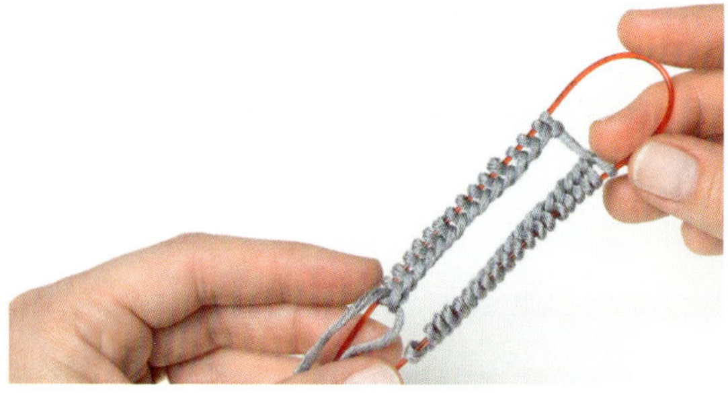

Schritt 2

Schiebe die Maschen mit dem Rundenbeginn jetzt auf die Nadelspitze, ziehe die rechte Nadel lang heraus und beginne die Runde zu stricken. Achte darauf, dass sich die Maschen dabei nicht verdrehen.

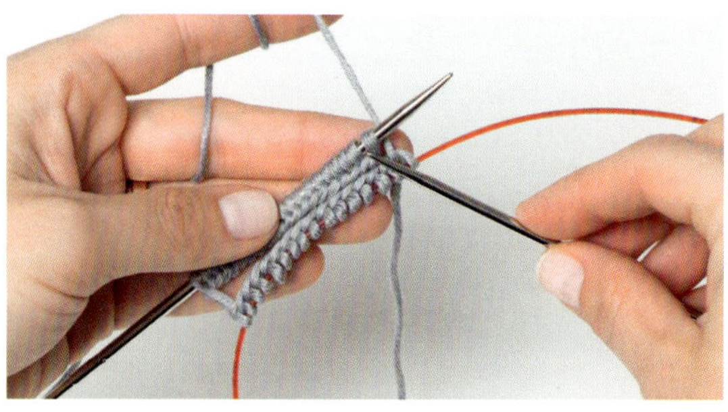

Schritt 3

Hast du die erste Reihe fertig abgestrickt, schiebe diese Maschen zur Mitte des Seils und die anderen Maschen auf die linke Nadelspitze.

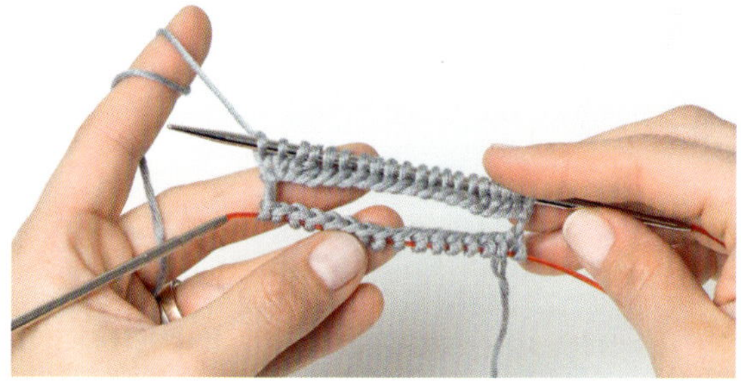

Schritt 4

Nach diesem Prinzip arbeitest du stets halbe Runden weiter.

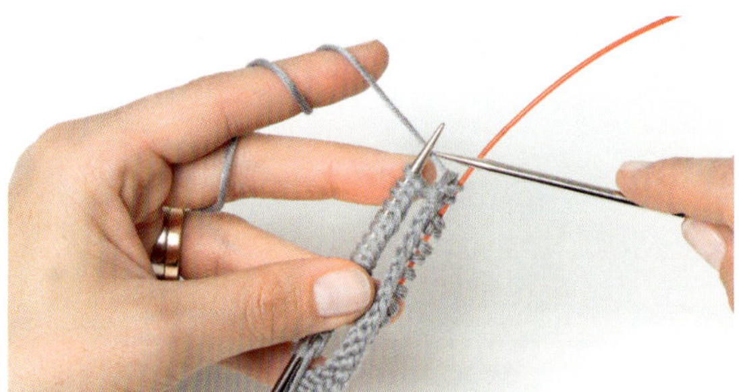

ABKÜRZUNGS-VERZEICHNIS

abh: abheben
abk: abketten
abn: abnehmen
angeh: angehoben
anschl: anschlagen
aufn: aufnehmen
DM: Doppelmasche (Patentmuster)
gen: geneigt
M: Masche(n)
M1L: links geneigte Zunahme
M1R: rechts geneigte Zunahme
MM: Maschenmarkierer
Nd: Nadel
QF: Querfaden
R: Reihe(n)
RAM: Rundenanfangsmarkierer
Rd: Runde(n)
RM: Randmasche(n)
str: stricke(n)
U: Umschlag
verschr: verschränkt
VRM: Verkürzte-Reihe-Masche
wdh: wiederholen
zun: zunehmen/Zunahme(n)
zus: zusammen

SCHWIERIGKEITSGRAD

 einfach

 braucht etwas Übung

   für erfahrene Stricker*innen

RICHTIG MAß NEHMEN

*Stricker*innen investieren besonders viel Zeit in handgemachte Kleidungsstücke. Es ist sehr empfehlenswert, von Zeit zu Zeit die eigenen Körpermaße neu zu ermitteln, um sicherzustellen, dass neue Pullover, Strickjacken etc. am Ende auch wirklich passen.*

Auch wenn du ausschließlich nach Anleitungen strickst, sollest du dir immer wieder ins Gedächtnis rufen, dass es keine standardisierte Maßtabelle gibt, an der man sich orientieren könnte. Je nach Designer*in kann die verwendete Maßtabelle variieren. Es ist also durchaus denkbar, dass du die Anleitungen der einen Designerin stets in Größe M stricken, wohingegen du beim nächsten Designer unbedingt die Größe L wählen musst, um dich im fertigen Stück auch wohlzufühlen. Hinzu kommt, dass du Angaben zu Bequemlichkeitszugaben nur dann beurteilen kannst, wenn du deine eigenen Maße sowie die Maße deiner Lieblingsstücke im Kleiderschrank kennst.

Die von dir favorisierte Größe musst du keineswegs durch Teststricken von Kleidungsstücken ausprobieren, sondern du kannst sie ganz einfach ermitteln, indem du deine eigenen Maße mit denen in der Anleitung vergleichst. Es genügen häufig ein oder zwei Maße, bevor du mit dem Stricken loslegen kannst.

SO ERMITTELST DU DEINE EIGENEN KÖRPERMAßE

Kopfumfang (1): Gemessen horizontal und über den Ohren um die stärkste Stelle des Kopfs.
Halsweite (2): Umfang des Halses an der kräftigsten Stelle.
Oberweite/Brustumfang (3): Maximaler Umfang der stärksten Stelle der Brust, gemessen unter den Armen hindurch. Dies ist das wichtigste Maß für Kleidungsstücke.
Taille (4): Schmalste Stelle der Taille. Dieses Maß ist für taillierte Kleidungsstücke wichtig.
Hüftumfang (5): Maximaler Umfang um die stärkste Stelle der Hüfte.
Armlochtiefe (6): Gemessen vom 7. Halswirbel bis zur horizontalen Linie der Achsel.
Brusttiefe (7): Vom inneren Schulterpunkt zum Brustpunkt gemessen.
Oberkörperlänge vorne (8): Vom inneren Schulterpunkt über die Brust zur Taillen-Linie gemessen.
Unterleibslänge (9): Höhe des Unterleibs, Abstand von Taille zur Hüfte. Für taillierte Kleidungsstücke und Kleider relevant.
Schulterbreite (10): Gemessen von Armkugel
zu Armkugel.
Rückenlänge (11): Vom obersten Halswirbel bis zur Taille am Rücken gemessen.

Oberarmweite auf Bizepshöhe (12): Umfang des Oberarms unterhalb der Achselhöhle um die stärkste Stelle des Arms. Den Arm beim Messen locker hängen lassen.
Handgelenkweite (13): Schmalste Stelle ums Handgelenk.
Ärmellänge (14): Länge der Außenkante des Arms, gemessen über den angewinkelten Ellenbogen zum Handgelenk.

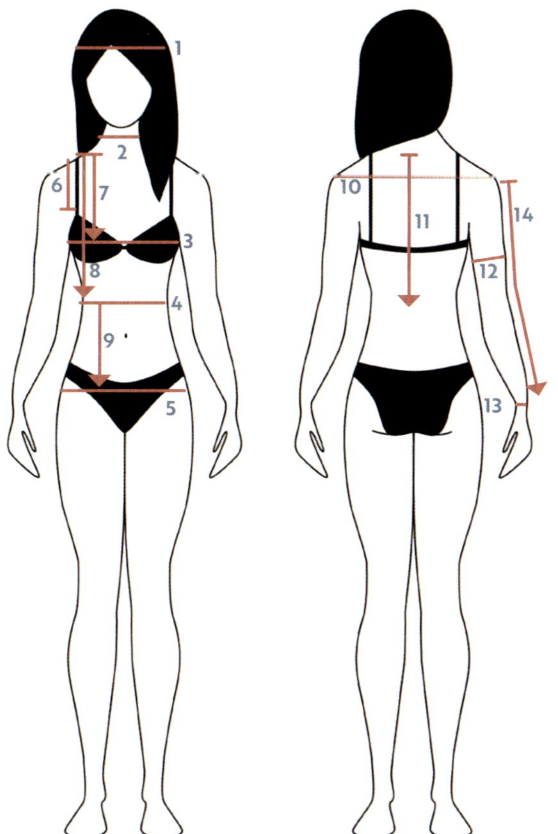

HINWEIS: Die Maßangabe in der Anleitung beziehen sich nicht auf die Körpermaße, sondern auf die fertig geblockten/gespannten Strickstücke.

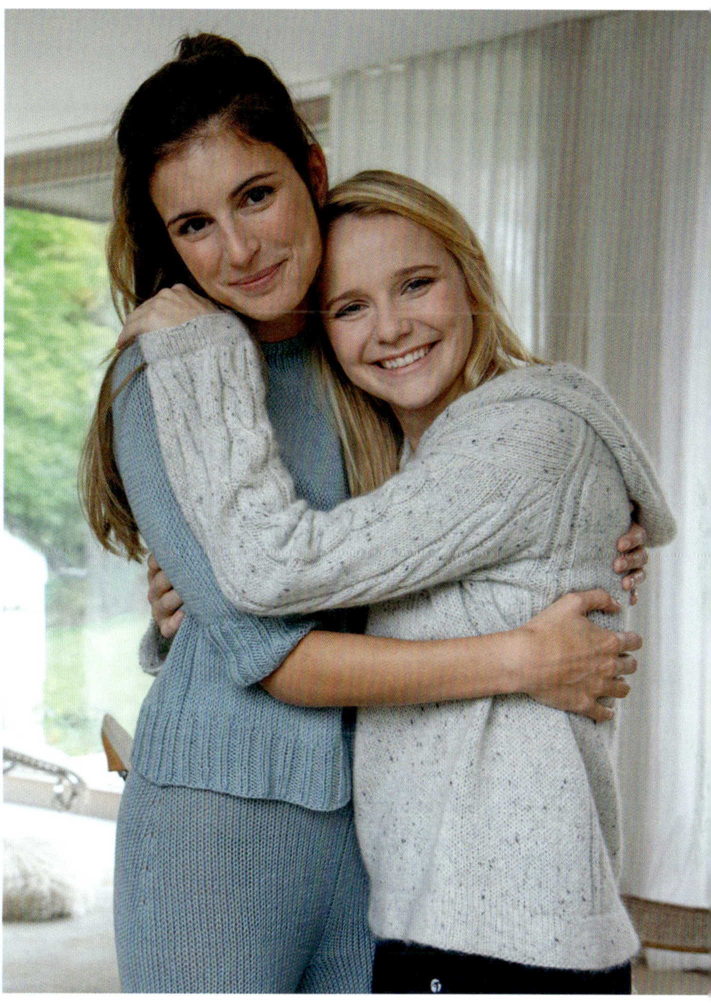

Carina (rechts im Bild)
Größe: 165 cm
Konfektionsgröße: 36–38
Brust: 90 cm
Taille: 67 cm
Hüftumfang: 95 cm

Nina (links im Bild)
Größe: 174 cm
Konfektionsgröße: 34–36
Brust: 84 cm
Taille: 65 cm
Hüftumfang: 93 cm

ANLEI-
TUNGEN

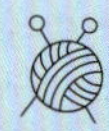

Homey
Kapuzenpullover

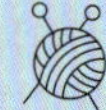

Loungy
Rundhalspullover
Kurze Shorts

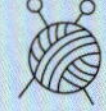

Cosy
Kuscheliger Pullover

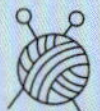

Cushy
Kuschelige Socken

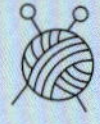

Warming
Rollkragen

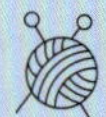

Casual
Sportliches Shirt
Lange Hose

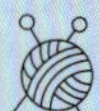

Cuddly
XXL-Decke
Kissenhülle

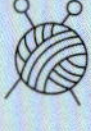

Newbie
Einfacher Pullover

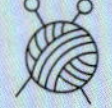

Comfy
Stulpen mit Zopfmuster

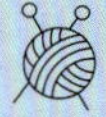

Simply
Tank-Top

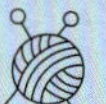

Nifty
Lockerer Cardigan

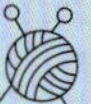

Snugly
Top im Rippenmuster
Bermudas-Shorts
Raglan-Cardigan mit Taschen

02

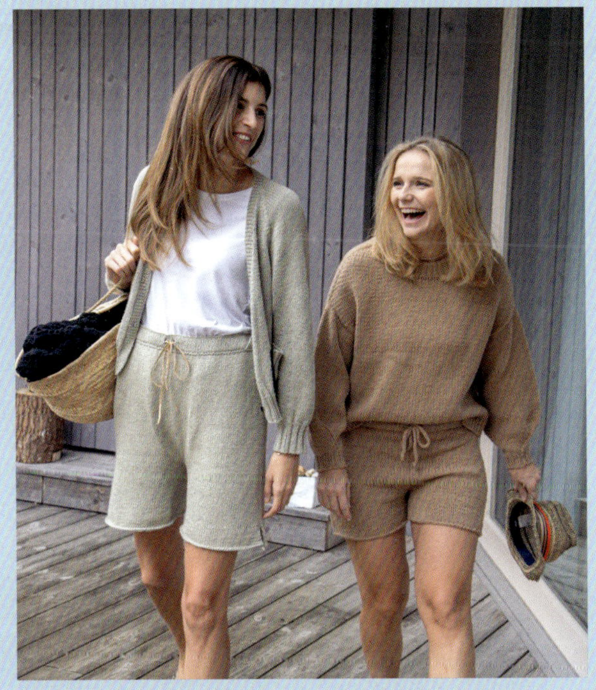

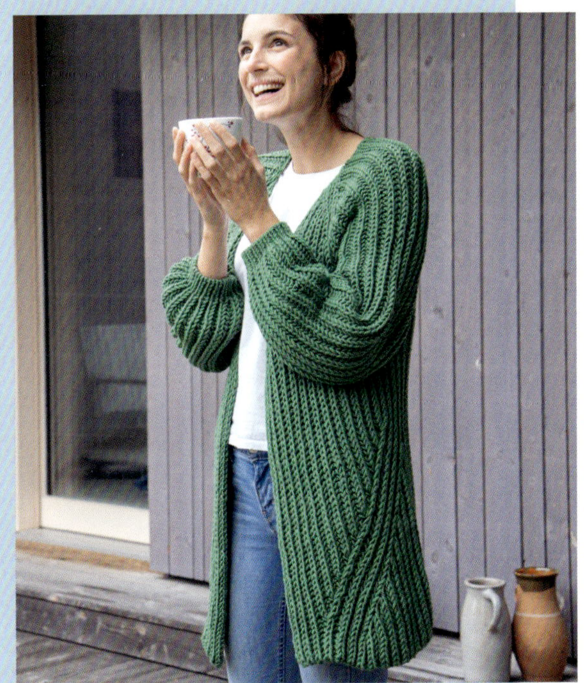

Die Angaben für die einzelnen Größen stehen von der kleinsten bis zur größten Größe (XXS–XXL) hintereinander, jeweils durch Schrägstriche getrennt. Steht nur eine Angabe, gilt diese für alle Größen.

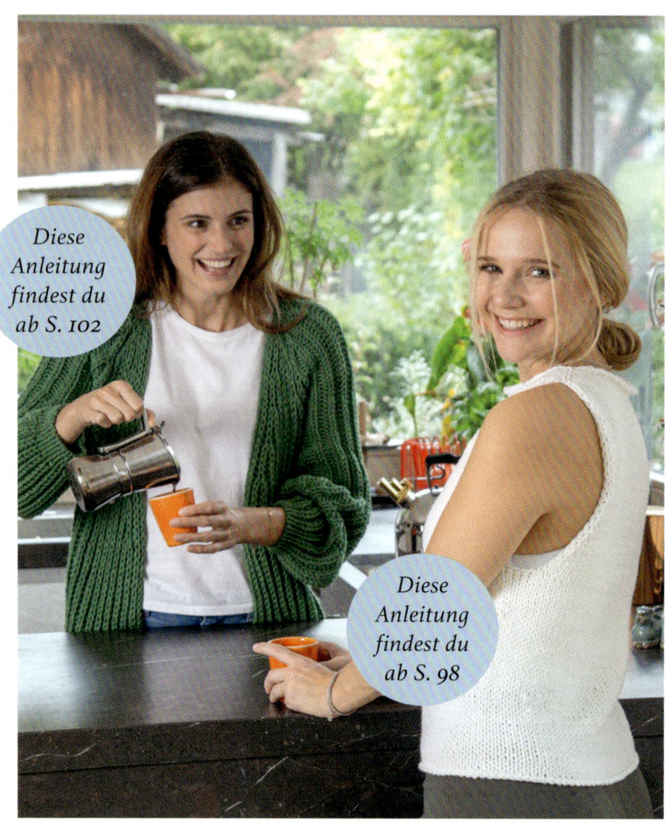
Diese Anleitung findest du ab S. 102
Diese Anleitung findest du ab S. 98

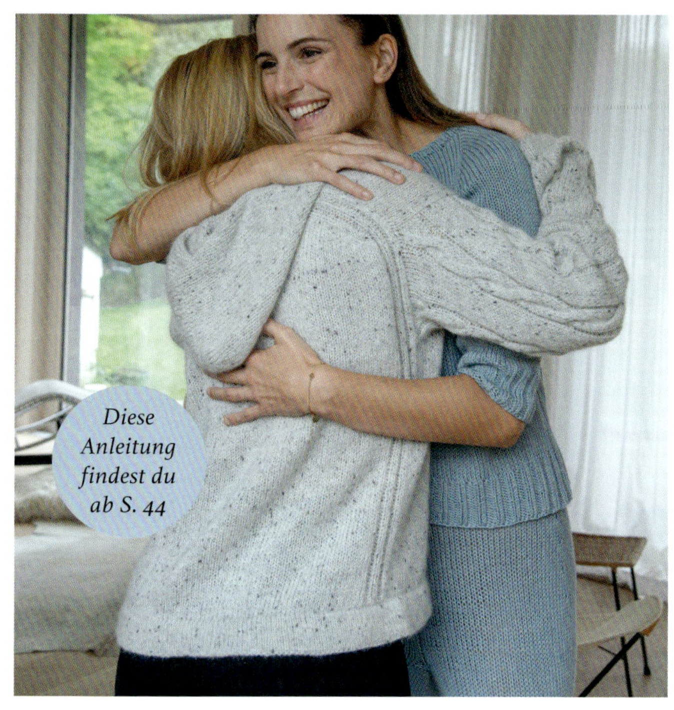
Diese Anleitung findest du ab S. 44

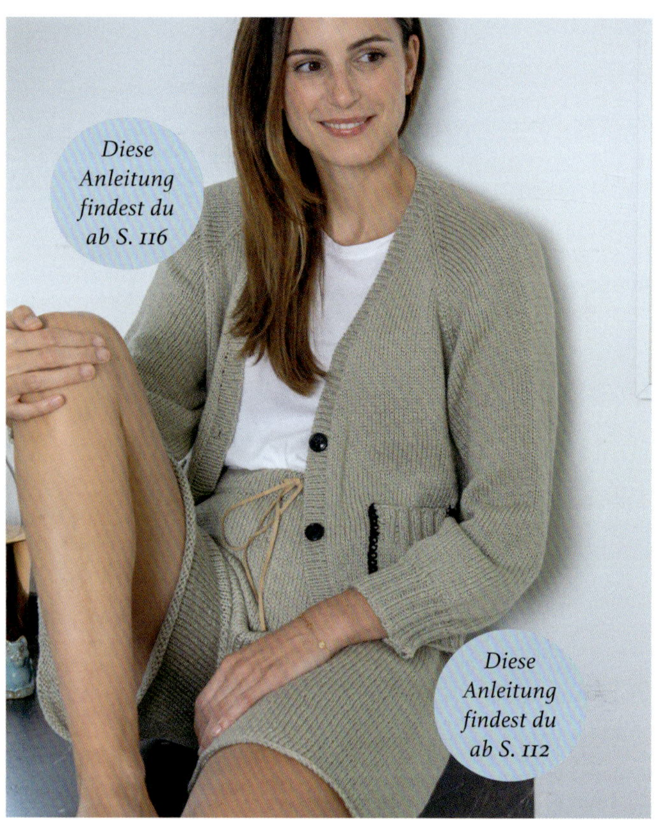
Diese Anleitung findest du ab S. 116
Diese Anleitung findest du ab S. 112

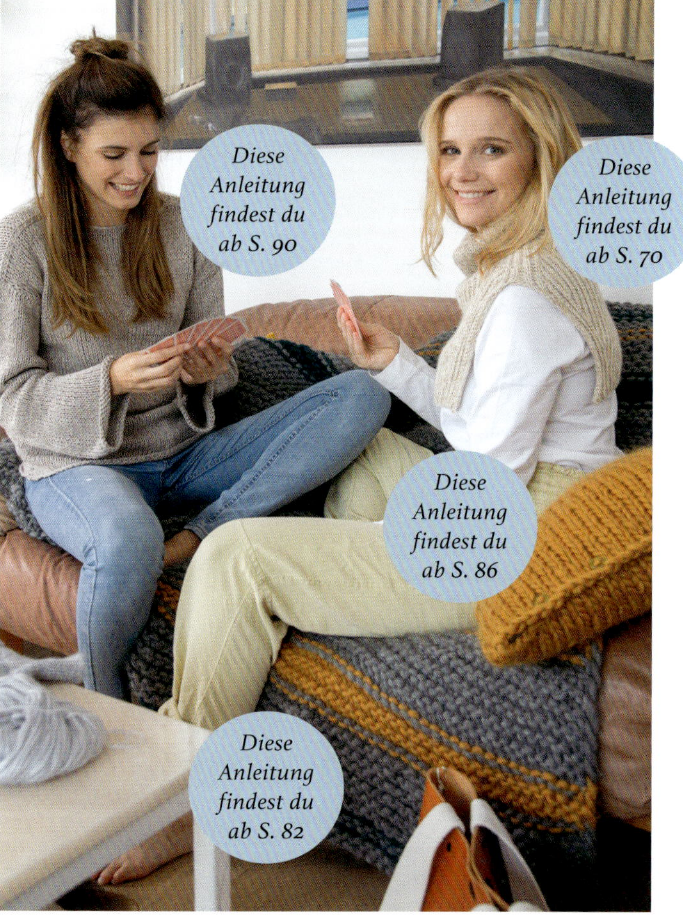
Diese Anleitung findest du ab S. 90
Diese Anleitung findest du ab S. 70
Diese Anleitung findest du ab S. 86
Diese Anleitung findest du ab S. 82

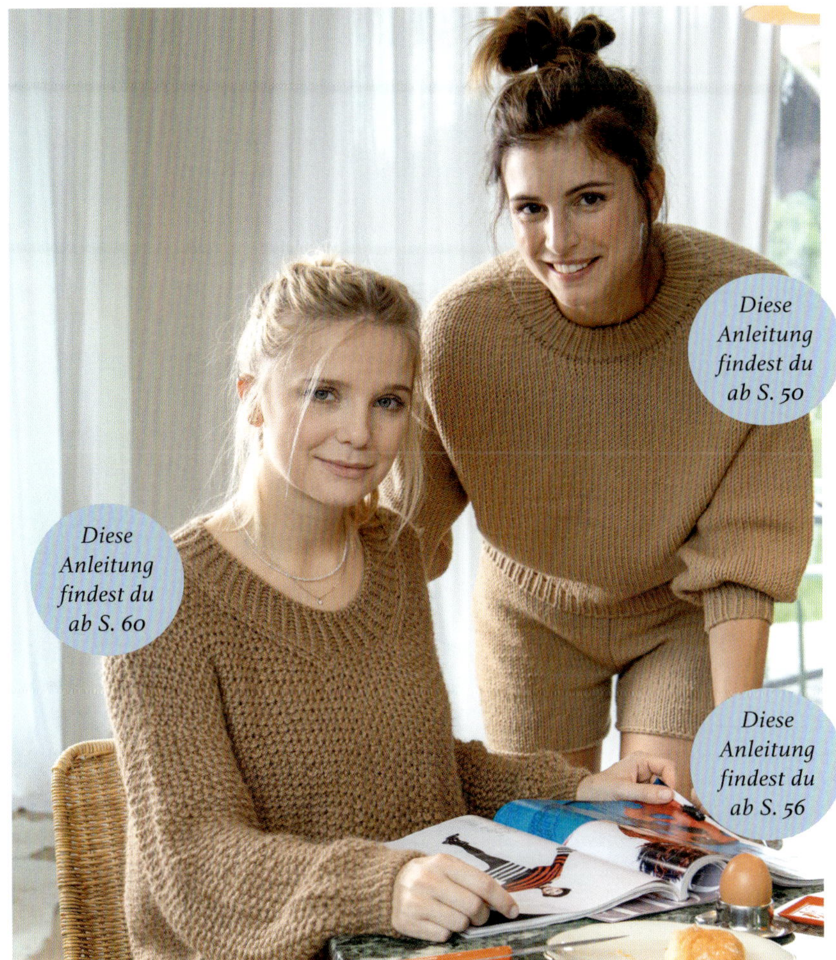
Diese Anleitung findest du ab S. 50
Diese Anleitung findest du ab S. 60
Diese Anleitung findest du ab S. 56

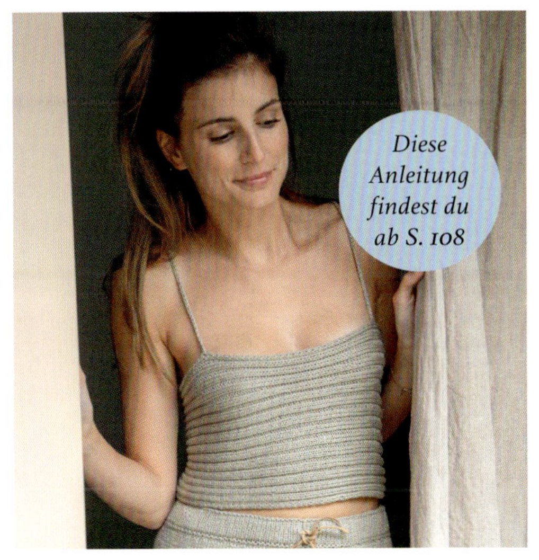
Diese Anleitung findest du ab S. 108

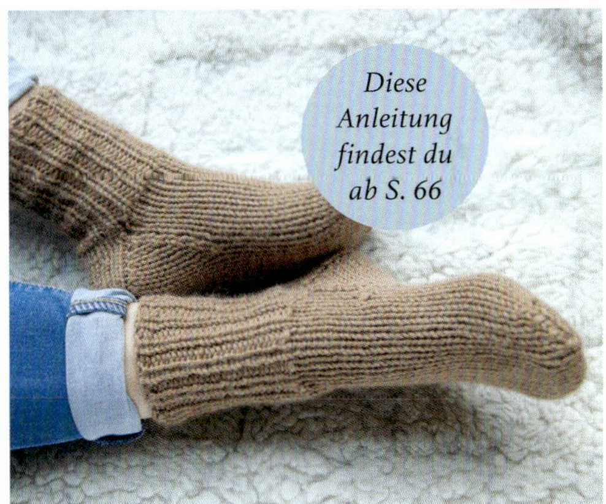
Diese Anleitung findest du ab S. 66

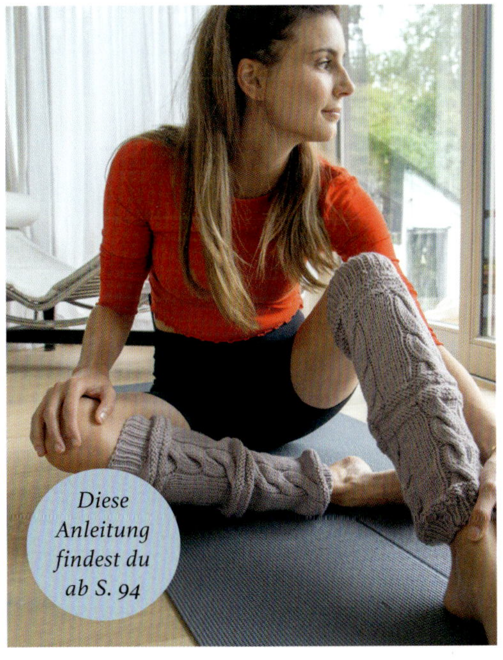
Diese Anleitung findest du ab S. 94

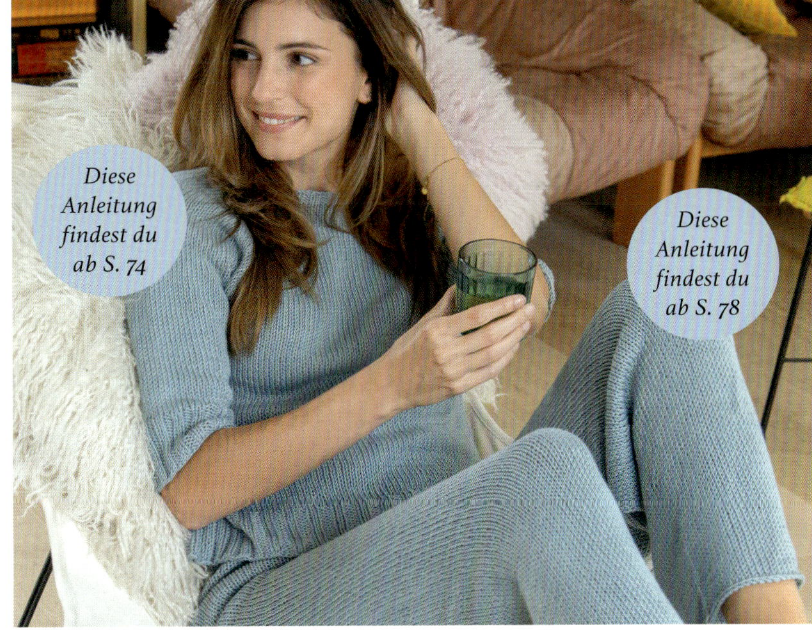
Diese Anleitung findest du ab S. 74
Diese Anleitung findest du ab S. 78

HOMEY

Kapuzenpullover mit Zopfmuster-Details

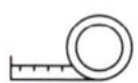

GRÖSSE

XXS, XS, S, M, L, XL, XXL

Brustumfang
83/90/95/100/113/124/134 cm

Länge
45/48/49/52/55/57/61 cm

Ärmelbreite
16,5/17/18/19/22/23/24 cm

SITZ

Regular-oversized fit, überschnittene Ärmel

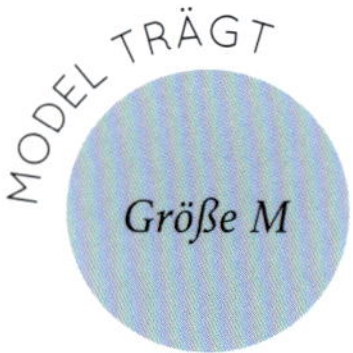

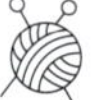

MATERIAL

- LAMANA COMO Tweed (100 % Merino Superfine, LL 120 m/25 g) in Marmor (Fb 57T), 275/275/300/325/350/375/400 g, zusammen mit:
- LAMANA PREMIA (60 % Mohair Super Kid, 40 % Seide, LL 300 m/25 g) in Natur (Fb 00), 125/125/150/150/150/175/175 g
- Rundstrick-Nd: 5,0 mm (80 cm)
- Rundstrick-Nd: 4,0 mm (80 cm)
- optional jeweils Nd-Spiel oder 40-cm-Seil für Ärmel anstatt Magic-Loop-Methode
- Zopf-Nd
- Maschenmarkierer
- Vernähnadel

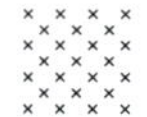

GRUNDMUSTER

Glatt rechts in R
Hin-R: Stets rechte M str.
Rück-R: Stets linke M str.

Glatt rechts in Rd
Stets rechte M str.

Knötchenrandmasche
Erste und letzte M rechts str.

TECHNIKEN

Zopfmuster stricken (Strickschrift auf S. 122)
Knötchenrandmasche
3-Nadel-Abketten
I-Cord-Rand

MASCHENPROBE

Glatt rechts mit Nd 5,0 mm
19 M und 26 R = 10 x 10 cm

HINWEIS: Doppelfädig stricken.

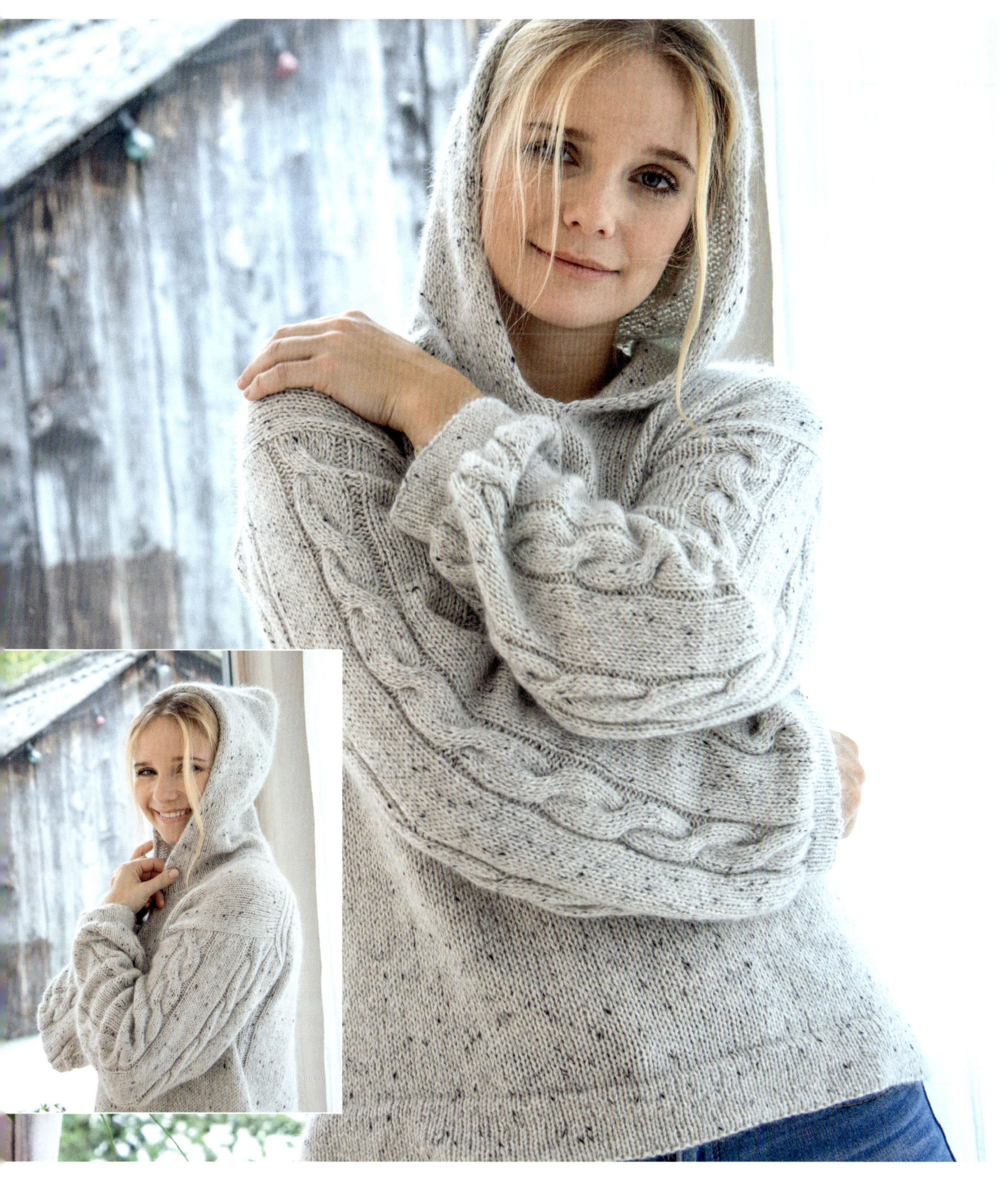

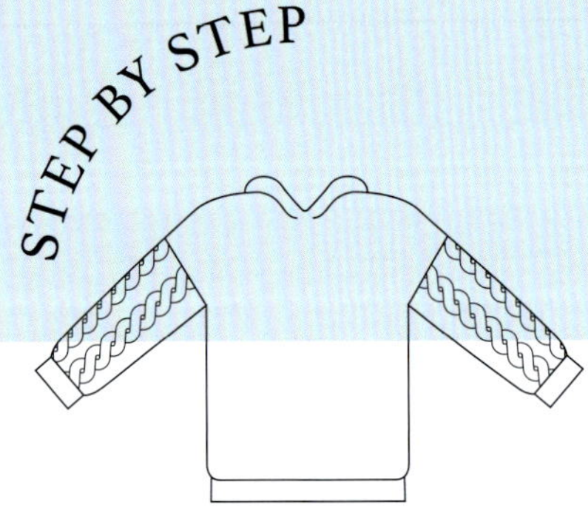

Zunächst das Rückteil bis unter die Arme in Reihen stricken. Aus dem Rückteil Schulter-Maschen aufnehmen, mit denen die Vorderteilhälften erst separat in Reihen gestrickt und anschließend zusammengeführt werden. Unter dem Arm Vorder- und Rückteil verbinden und den Körper in Runden stricken. Für die Ärmel Maschen aus den Armausschnitten aufnehmen und die Ärmel in Runden stricken. Abschließend entlang des Halsausschnitts Maschen für die Kapuze aufnehmen und diese in Reihen stricken. Alternativ kann hier auch ein klassischer Kragen im Bündchenmuster gestrickt werden.

RÜCKTEIL

Mit der Rundstrick-Nd 5,0 mm (80 cm) 12 M im anschl.

1. R I (Hin-R): RM, * 2 M rechts, 2 M links, ab * noch 1x wdh, 2 M rechts, RM.

2. R I (Rück-R): RM, * 2 M links, 2 M rechts, ab * noch 1x wdh, 2 M links, RM.

1.–2. R insgesamt 12/13/14/15/17/18/20 x arbeiten.

Garn abschneiden. Lege die 12 M still.

Neues Garn anschlingen. Platziere das Strickstück mit der Seite der Hin-R nach oben und nimm mit der Rundstrick-Nd 5,0 mm (80 cm) aus der Anschlagkante 12 M auf.

1. R II (Rück-R): RM, * 2 M links, 2 M rechts, ab * noch 1x wdh, 2 M links, RM.

2. R II (Hin-R): RM, * 2 M rechts, 2 M links, ab * noch 1x wdh, 2 M rechts, RM.

1.–2. R Insgesamt 12/13/14/15/17/18/20 x arbeiten.

Setze einen MM nach den 12 M. Nimm entlang des Knötchenrands bestehend aus 48/52/56/60/68/72/80 R insgesamt 24/26/28/30/34/36/40 M auf: * Nimm 1 M auf, überspringe eine R, ab * bis Ende wdh, setze MM, str die stillgelegten 12 M wie in der 1. R I (Hin-R) = 48/50/52/54/58/60/64 M. Vom Rand gezählt sollte jeweils nach 12 M ein MM sein.

1. R (Rück-R): RM, str wie die M erscheinen, bis MM, MM abh, M1L-links gestr, str alle M links bis MM, M1R-links gestr, MM abh, str wie die M erscheinen, RM = 50/52/54/56/60/62/66 M.

2. R (Hin-R): RM, str, wie M erscheinen, MM abh, M1L in 1. R links, str alle M rechts bis MM, M1R, MM abh, str wie die M erscheinen, RM = 52/54/56/58/62/64/68 M.

Str 1.–2. R insgesamt 7/8/8/9/10/11/12 x = 76/82/84/90/98/104/112 M.

Str alle M wie sie erscheinen, in R, bis ab der Mitte des Rückteils der Bereich in glatt rechts 20 cm misst. Garn abschneiden und alle M stilllegen.

LINKE HÄLFTE VORDERTEIL

Zähle 12/13/14/15/17/18/20 M von der ursprünglichen Anschlagkante in der Mitte des Rückteils nach links. Stich in die 13./14./15./16./18./19./21. M ein und nimm 26/29/30/33/37/40/44 M entlang des Knötchenrands auf, wobei du aus jeder R eine M aufnimmst.

1. R: RM, str alle M links, RM.

2. R: RM, str alle M rechts, RM.

1.–2. R insgesamt 12/12/12/13/13/13/13 cm. Beende mit einer Rück-R.

Zunahmen für Halsausschnitt

1. R (Hin-R): RM, 1 M rechts, M1L, str alle M rechts, RM = 27/30/31/34/38/41/45 M.
2. R: RM, str alle M links, RM.
1.–2. R insgesamt 4/4/4/4/6/7/8 x = 30/33/34/37/43/47/52 M.
Garn abschneiden.

RECHTE HÄLFTE VORDERTEIL

Starte von der ursprünglichen Anschlagkante in der Mitte des Rückens aus und zähle 38/42/44/48/54/58/64 M nach rechts. Das entspricht der R mit der letzten Zunahme. Stich in die 38./42./44./48./54./58./64. M ein und nimm 26/29/30/33/37/40/44 M auf. Es müssten noch 12/13/14/15/17/18/20 M bis zur Mitte ausgespart sein.
1. R: RM, str alle M links, RM.
2. R: RM, str alle M rechts, RM.
Str 1.–2. R insg 12/12/12/13/13/13/13 cm. Beende mit einer Rück-R. Zähle die R des linken Vorderteils, damit beide gleich lang sind.

Zunahmen für Halsausschnitt

1. R (Hin-R): RM, str alle M rechts bis 2 M vor Ende, M1R, 1 M rechts, RM = 27/30/31/34/38/41/45 M.
2. R: RM, str alle M links, RM.
1.–2. R Insgesamt 4/4/4/4/6/7/8 x = 30/33/34/37/43/47/52 M.
Garn nicht abschneiden.

Verbinden der Vorderteilhälften

Set-up-R: RM, str die M des rechten Vorderteils, 8/8/10/10/12/14/14 M neu anschl, str die M der linken Vorderteilhälfte, RM = 68/74/78/84/98/108/118 M.
1. R: RM, str alle M links, RM.
2. R: RM, str alle M rechts, RM.
1.–2. R Für 4/5/6/7/7/7/7 cm.

Zunahmen unter dem Arm

Hin-R: RM, M1L, str alle M rechts bis 1 M vor Ende, M1R, RM = 70/76/80/86/100/110/120 M.
Rück-R: RM, str alle M links, RM.
Noch 2/2/2/2/3/3/3 x wdh = 74/80/84/90/106/116/126 M.

KÖRPER

Vorder- und Rückteil nun zusammenführen, während neue M unter dem Arm angeschlagen werden:

Str die Vorderteil-M rechts, 4/5/6/5/6/8/8 M neu anschl, str die Rückteil-M wie sie erscheinen, 4/5/6/5/6/8/8 M neu anschl, Rd-Beginn mit MM markieren (RAM) = 158/172/180/190/216/236/254 M.
Str alle M wie sie erscheinen, in Rd, bis das Strickstück 25/27/27/28/29/30/32 cm ab unter dem Arm misst oder so lange, wie der Körper zu deinen Maßen passt.

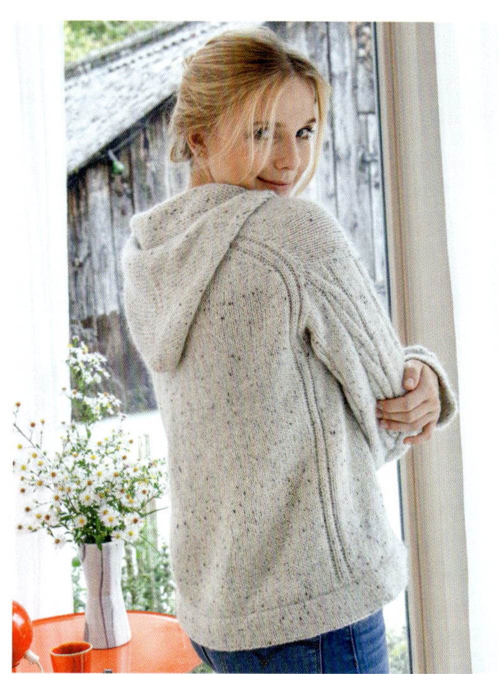

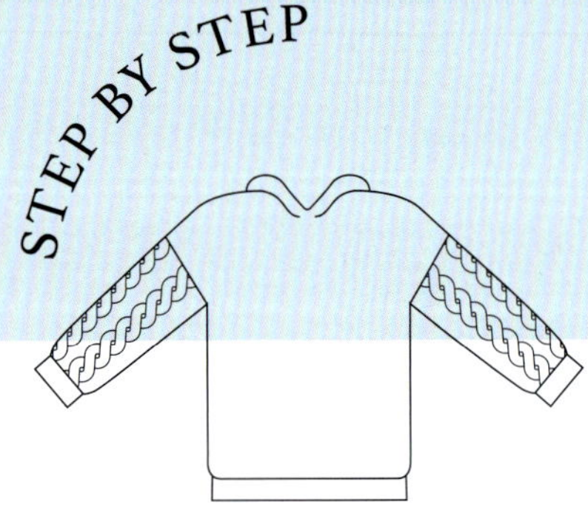

Bündchen

Wechsel auf 4,0-mm-Rundstrick-Nd (80 cm).

1.–15. Rd: Str alle M rechts.

Hänge in die 1. Rd einen MM ein.

16. Rd: Str alle M links.

Str weitere 14 Rd alle M rechts.

Alle M locker abk.

Falte das Bündchen an der Umschlagskante (Rd mit linken M) nach innen und vernähe mit Überwendlingsstichen die Abkettkante mit den M aus der mit dem MM markierten Rd.

TIPP Verwende dazu lediglich das Merino-Garn. Somit ist das Bündchen immer noch elastisch und es lässt sich auch leichter vernähen.

LINKER ÄRMEL

Lege den Pullover mit dem Vorderteil nach oben vor dich hin. Starte unter dem Arm am Vorderteil und nimm die M wie folgt auf:

Nimm 42/44/45/49/55/57/59 M aus dem Vorderteil und 26/27/29/30/34/35/38 M aus dem Rückteil auf, indem du * 3 M aus 3 R aufnimmst, 1 R überspringst *, nimm 4/5/6/5/6/8/8 M unter dem Arm aus der Anschlagkante auf, (RAM) = 72/76/80/84/95/100/105 M.

1.–7. Rd: * 2 M links, 8 M rechts, 2 M links, 6/7/8/9/9/7/8/9 M rechts, ab * noch 3x wdh.

8. Rd (Zopfen): Strickschrift auf S. 124. * 2 M links, 4 M auf Zopf-Nd vor die Arbeit, 4 M rechts, 4 M von Zopf-Nd rechts, 2 M links, 6/7/8/9/7/8/9 M rechts, ab * noch 3x wdh.

9.–21. Rd: Wie 1. Rd str. (stricke alle M wie sie erscheinen)

Str 8.–21. Rd, bis der Ärmel 36/37/39/40/42/42,5/43 cm misst oder deiner gewünschten Länge entspricht.

HINWEIS: Bedenke, dass das Muster noch beendet wird, ein Bündchen hinzukommt und der Pullover beim Waschen an Länge gewinnt.

Str für 7 Rd, wie alle M erscheinen.

Bündchen

Wechsel auf 4,0-mm-Nadelspiel oder Rundstrick-Nd (80 cm).

Str 1 Rd, wie alle M erscheinen.

Abnahmen

1. Rd: * Str 2 M rechts zus, 8 M rechts, str 2 M rechts zus, str 9 M rechts, ab * noch 3x wdh. (Die beiden linken M werden zu einer rechten M zus gestr) = 76 M.

2. R: * Str 2 M rechts zus, str 1 M rechts, ab * wdh bis 1/2/0/1/1/0/2 M vor Rd-Ende, 1/2/0/1/1/0/2 M rechts = 43/46/48/51/57/60/64/ M.

1.–9. Rd: Str alle M rechts.

Hänge in die 1. Rd einen MM ein.

10. Rd: Str alle M links.

Str weitere 8 Rd alle M rechts.

Alle M abk.

Analog zum Bündchen des Körpers vernähen.

RECHTER ÄRMEL

Lege den Pullover mit dem Rückteil nach oben. Starte unter dem Arm am Rückteil

und nimm die M wie folgt auf: 26/27/29/30/34/35/38 M aus Rückteil, 42/44/45/49/55/57/59 M aus Vorderteil und 4/5/6/5/6/8/8 M unter dem Arm aus der Anschlagkante.
Str den rechten Ärmel analog zum linken Ärmel.

KAPUZE

Starte mittig der 8/8/10/10/12/14/14 angeschlagenen M am Ausschnitt. Nimm mit der Rundstrick-Nd-5,0-mm (80 cm) für die Vorderteile und das Rückteil im Muster * 2 M aus 2 R hintereinander auf, 1 R überspringen, ab * stets wdh.
Aufnahmen der M für die Kapuze aus dem Halsausschnitt: 4/4/5/5/6/7/7 M aus 8/8/10/10/12/14/14 R der Anschlagkante, 27/27/27/30/31/32/34 M entlang des linken Vorderteils, 16/17/19/20/23/24/27 M aus dem Rückteil, 27/27/27/30/31/32/34 M entlang des rechten Vorderteils und 4/4/5/5/6/7/7 M aus 8/8/10/10/12/14/14 R der Anschlagkante = 91 M.
1. R (Rück-R): 3 M wie zum Linksstricken abh mit Faden vor der Arbeit, str alle M links.
2. R (Hin-R): 3 M wie zum Linksstricken abh mit Faden hinter der Arbeit, str alle M rechts.
Str 1.–2. R, bis die Kapuze 28/28/30/30/30/32/32 cm misst.

Abnahmen zur Formung des Hinterkopfs

Platziere mittig nach 39/39/41/45/48/51/54 M einen MM.
1. R (Hin-R): 3 M wie zum Linksstricken abh mit Faden hinter der Arbeit, str alle M rechts bis 2 M vor MM, str 2 M linksgen zus, MM abh, 1 M rechts, str 2 M rechtsgen zus, str alle M rechts bis R-Ende = 76/77/81/88/95/100/107 M.
2. R: 3 M wie zum Linksstricken abh mit Faden vor der Arbeit, str alle M links.
1.–2. R insgesamt 6 x = 66/67/71/78/85/90/97 M.
Nun die beiden Hälften zwischen dem MM gemeinsam abk. Dazu die Kapuze auf links drehen – die Vorderseiten aufeinanderlegen. Bei der 3-Nadel-Abkett-Technik hältst du die beiden Stricknadeln mit der Arbeit in der linken Hand und strickst mit einer 3. Nd die erste M bei der Nd zus und kettest sie dann ab. Wdh diesen Schritt, bis alle M abgekettet sind.

FERTIGSTELLUNG

Pullover mit ausgeklappter Kapuze blocken/spannen und in Form bringen. Dabei kannst du bei Bedarf noch kleine individuelle Anpassungen an gewünschte Länge und Breite vornehmen.

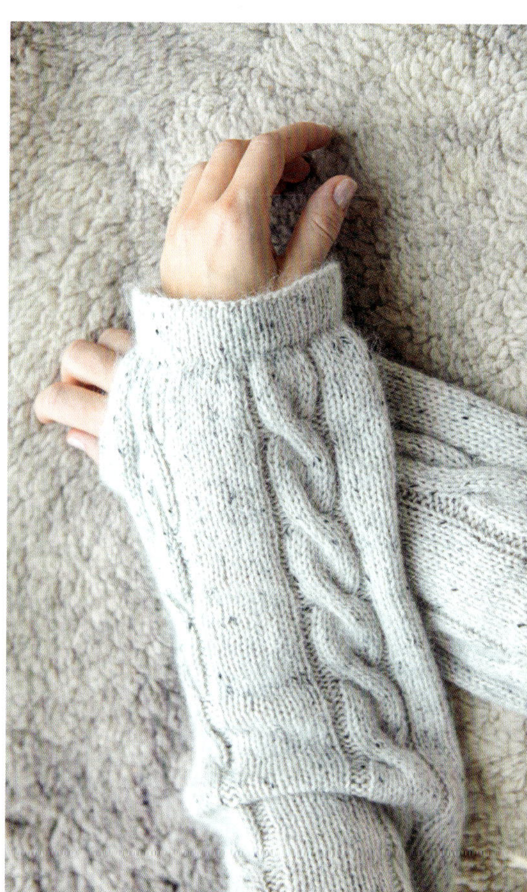

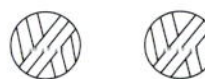

LOUNGY
Pullover mit Rundhalsausschnitt

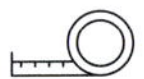

GRÖSSE
XXS, XS, S, M, L, XL, XXL

Brustumfang
103/107/112/118/129/140/149 cm
Ärmelbreite
19/20/22/24/27/30/32 cm

SITZ
Oversized Fit, überschnittene Ärmel

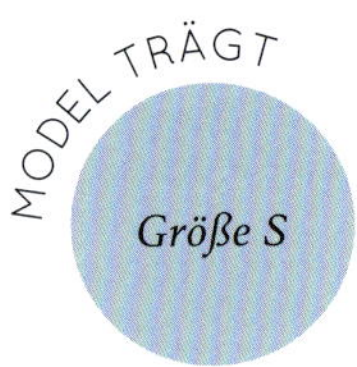

MATERIAL
- LANG YARNS Merino 70 (98 % Merino extrafine superwash, 2 % Polyester, LL 70 m/50 g) in Beige (Fb 139), 450/500/550/650/700/750/800 g
- Rundstrick-Nd 7,0 mm (80 cm)
- Rundstrick-Nd 5,0 mm (80 cm)
- je optional Nd-Spiel oder 40-cm-Seil für Ärmel und Kragen anstatt Magic-Loop-Methode
- Hilfs-Nd 4,0 mm oder kleiner (für provisorischen Maschenanschlag)
- Maschenmarkierer
- Vernähnadel

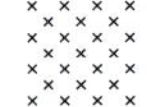

GRUNDMUSTER
Glatt rechts in Rd
Stets rechte M str.

1/1-Rippenmuster in Rd
* 1 M rechts, 1 M links, ab * wdh.

Randmasche in R
Erste und letzte M rechts str.

TECHNIKEN
Provisorischer M-Anschlag
Verkürzte R
M aus Strickstück aufnehmen
Italienisch abk
Überzogene Abnahmen

MASCHENPROBE
Glatt rechts mit Nd 7,0 mm
14 M und 21 R = 10 x 10 cm

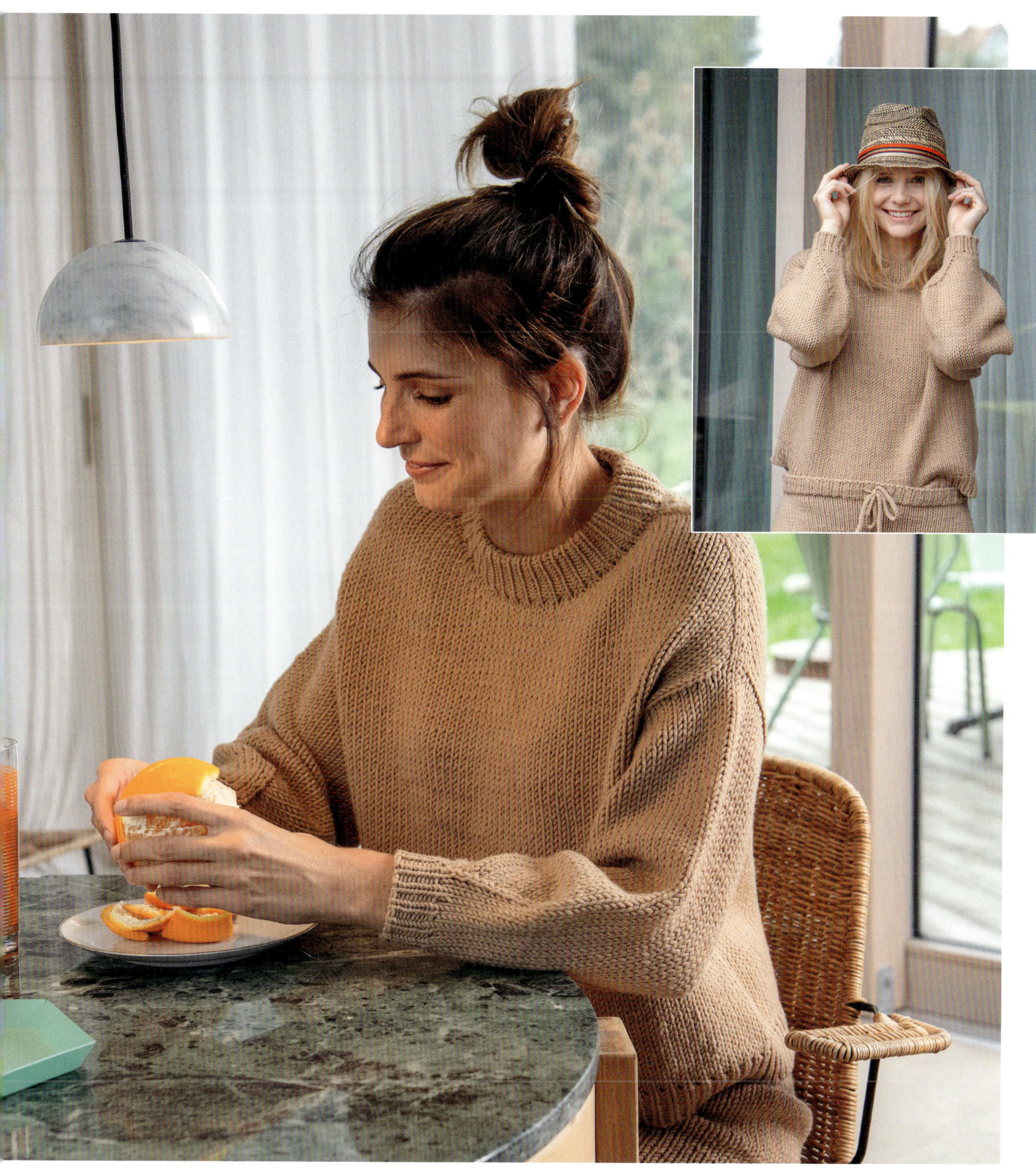

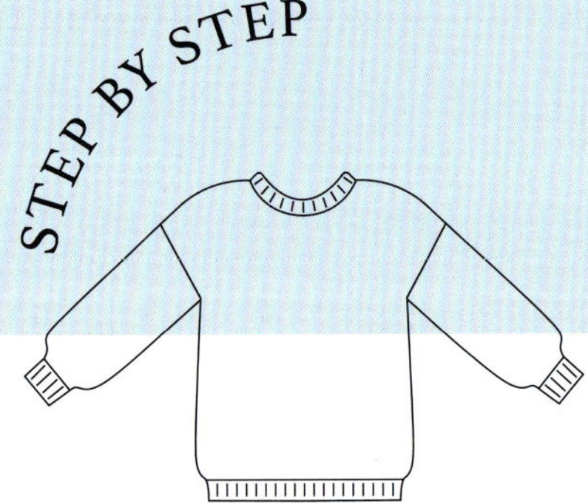

Den Pullover von oben nach unten str. Die Passe mit verkürzten Reihen formen bei gleichzeitigen Zunahmen an der Schulter. Anschließend Vorder- und Rückteil separat in Reihen str, unter dem Arm zur Runde schließen und den Körper in Runden bis zur gewünschten Länge str. Die Maschen für die Ärmel aufnehmen und in Runden str.

KRAGEN UND PASSE

Mit der Rundstrick-Nd 5,0 mm (40 cm) 80/82/84/86/90/94/100 M mit provisorischem Maschenanschlag anschl und zur Rd schließen, Rd-Anfangsmarkierer setzen. Der Rd-Anfang befindet sich mittig des Rückteils.
1. Rd: * 1 M rechts, 1 M links, ab * bis Rd-Ende wdh.
Str 1. Rd für 8 cm (ca. 24 Rd).
M von provisorischem Anschlag auf Hilfs-Nd bringen. Schlage die Anschlagkante nach innen hoch. M der Hilfs-Nd mit aktuellen M zusstr.
Mit der Rundstrick-Nd 7,0 mm (80 cm) eine Rd alle M rechts str, dabei MM wie folgt platzieren: 19/19/20/20/21/22/24 M linke Hälfte Rückteil, MM1, 2 Schulter-M, MM2, 38/39/40/41/43/45/48 M Vorderteil, MM3, 2 Schulter-M, MM4, 19/20/20/21/22/23/24 M rechte Hälfte Rückteil, RAM.

VERKÜRZTE R & ZUN

1. R (Hin-R): Str rechts bis MM1, M1R, MM1 abh, 2 Schulter-M rechts, MM2 abh, M1L, 1 M rechts (= VRM). Wenden = 82/84/86/88/92/96/102 M.
2. R (Rück-R): VRM, str alle M links bis MM3, dabei alle MM abh, 1 M links (= VRM). Wenden.
3. R (Hin-R): VRM, M1R, MM3 abh, 2 Schulter-M rechts, MM4 abh, M1L, str alle M rechts bis RAM = 84/86/88/90/94/98/104 M.
Str 2.–3. R insgesamt 13/14/15/16/18/20/21x, wobei du jedes Mal nach zusstr der VRM noch 1 M rechts str, bevor du wendest. Dann noch eine 2. R (= Rück-R) str. Du solltest nun 132/138/146/150/162/174/184 M zählen.

RÜCKTEIL

Str 32/33/35/36/39/42/45 M des linken Rückteils rechts bis MM1. MM1 entfernen. Vorderteil und Schulter-M stilllegen. Hier ist nun der neue Rück-R-Anfang des Rückteils.
1. R (Rück-R): RM, alle M links bis 1 M vor Ende, RM.
2. R (Hin-R): Alle M rechts.
Str 1.–2. R, bis das Rückteil 14/15/16/18/20/22/24 cm ab Schulter-M misst, ende mit einer Rück-R. Schneide das Garn ab.
Lege die Rückteil-M still, hänge die 4 Schulter-M jeweils paarweise in einen MM ein; diese brauchst du später für die Ärmel.

VORDERTEIL

1. R (Hin-R): Str 64/67/70/73/79/85/90 M inklusive VRM rechts.
Str Vorderteil analog zum Rückteil, denk an die RM in der Rück-R. Zähle die Anzahl der R, damit Vorder-und Rückteil gleich lang sind.

KÖRPER

Vorder- und Rückteil zur Rd schließen, wobei unter dem Arm neue M angeschlagen werden.

Str alle M des Vorderteils rechts, schlage 3/3/4/4/5/6/7 M an, str alle M des Rückteils rechts, schlage 3/3/4/4/5/6/7 M an, platziere RAM (= 134/140/148/154/168/182/194 M).

Str glatt rechts in Rd, bis der Körper 20/21/23/25/26/26/27 cm ab Armansatz misst oder solange du es magst.

Bündchen

Wechsel zu Rundstrick-Nd 5,0 mm (80 cm).

Str 1 Rd glatt rechts.

Str 1/1-Rippenmuster für 10/10/10/10/13/14/15 Rd.

Italienisch abk.

RECHTER ÄRMEL

Starte mittig bei den angeschlagenen M unter dem Arm mit neuem Garn. Fange mit einer Rundstrick-Nd an und wechsle nach Bedarf auf ein Nd-Spiel oder mache einen Magic-Loop. Mit der Rundstrick-Nd 6,0 mm (80 cm) wie folgt die M aus dem Armausschnitt aufnehmen:

Nimm 2/2/2/2/3/3/4 M aus den angeschlagenen M des Körpers unter dem Arm auf, * 3 M hintereinander aus den vertikalen R aufnehmen = 23/24/26/29/32/35/38 M, 1 R auslassen, ab * bis Schulter-M wdh, 2 Schulter-M auf die linke Nd heben und rechts abstr, ** 1 R auslassen, 3 M hintereinander aufnehmen = 23/24/26/29/32/35/38 M, ab ** bis unter Arm wdh, 1/1/2/2/2/3/3 M aus den angeschlagenen M des Körpers aufnehmen, RAM setzen = 51/53/58/64/71/78/85 M.

Str glatt rechts in Rd für 24,5/25/26/27,5/28/28/28 cm, dabei unter dem Arm in der 1. Rd 1/1/0/0/1/0/1 M abn (2 M rechts zusstr) = 50/52/58/64/70/78/84 M.

Betonte Abnahmen

Platziere einen MM nach der Hälfte der M, also nach 25/26/29/32/35/39/42 M gezählt vom RAM.

1. Rd: Str 6 M rechts, 1 M abh, 2 M rechtsgen zus str, die zuvor abgehobene M von rechts nach links überziehen, str alle M rechts bis 6 M vor MM, 1 M abh, 2 M rechtsgen zus str, die zuvor abgehobene M von rechts nach links überziehen, str alle M bis Rd-Ende = 46/48/54/60/66/74/80 M.

2. Rd: Str alle M rechts.

Str 1.–2. Rd insgesamt 6/6/7/8/8/9/10 x = 26/28/30/32/38/42/44 M.

Bündchen

Wechsle auf 5,0-mm-Nd-Spiel oder Rundstrick-Nd (80 cm).

Str 1 Rd alle M rechts.

Str 1/1-Rippenmuster für 10 Rd.

Italienisch abk.

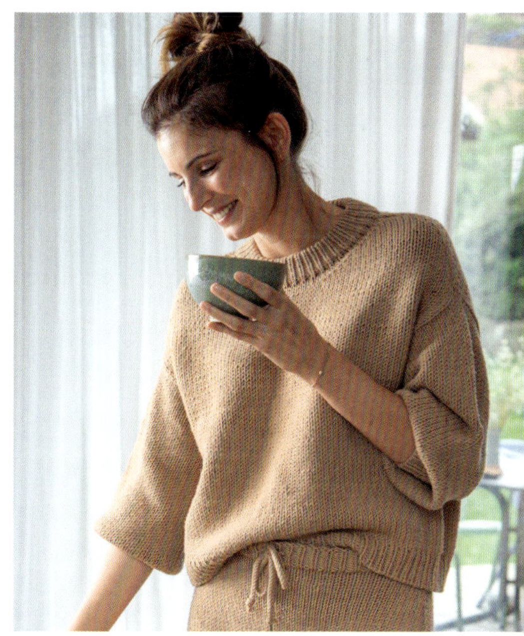

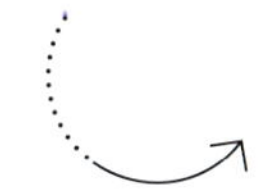

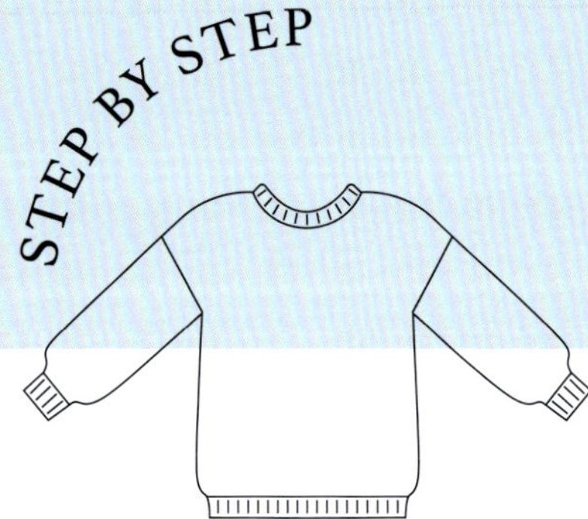

LINKER ÄRMEL

Analog zum rechten Ärmel die M aufnehmen und in Rd bis zu den Abnahmen stricken.

Betonte Abnahmen

Platziere einen MM nach der Hälfte der M, also nach 25/26/29/32/35/39/42 M gezählt vom RAM.

1. Rd: * Str alle M rechts bis 6 M vor MM, str 2 M linksgen zus, diese M wieder auf linke Nd heben, mit der rechten Nd die zweite M über die erste M auf der linken Nd heben, diese M nun auf die rechte Nd heben, ab * noch 1x wdh = 46/48/54/60/66/74/80 M.

2. Rd: Str alle M rechts.

Str 1.–2. Rd insg 6/6/7/8/8/9/10 x = 26/28/30/32/38/42/44 M.

Str das Bündchen analog zum anderen Ärmel.

FERTIGSTELLUNG

Alle losen Fäden sauber vernähen. Pullover blocken/spannen und in Form bringen. Gegebenenfalls bei den verkürzten Reihen entstandene Ausbeulungen werden dadurch geglättet.

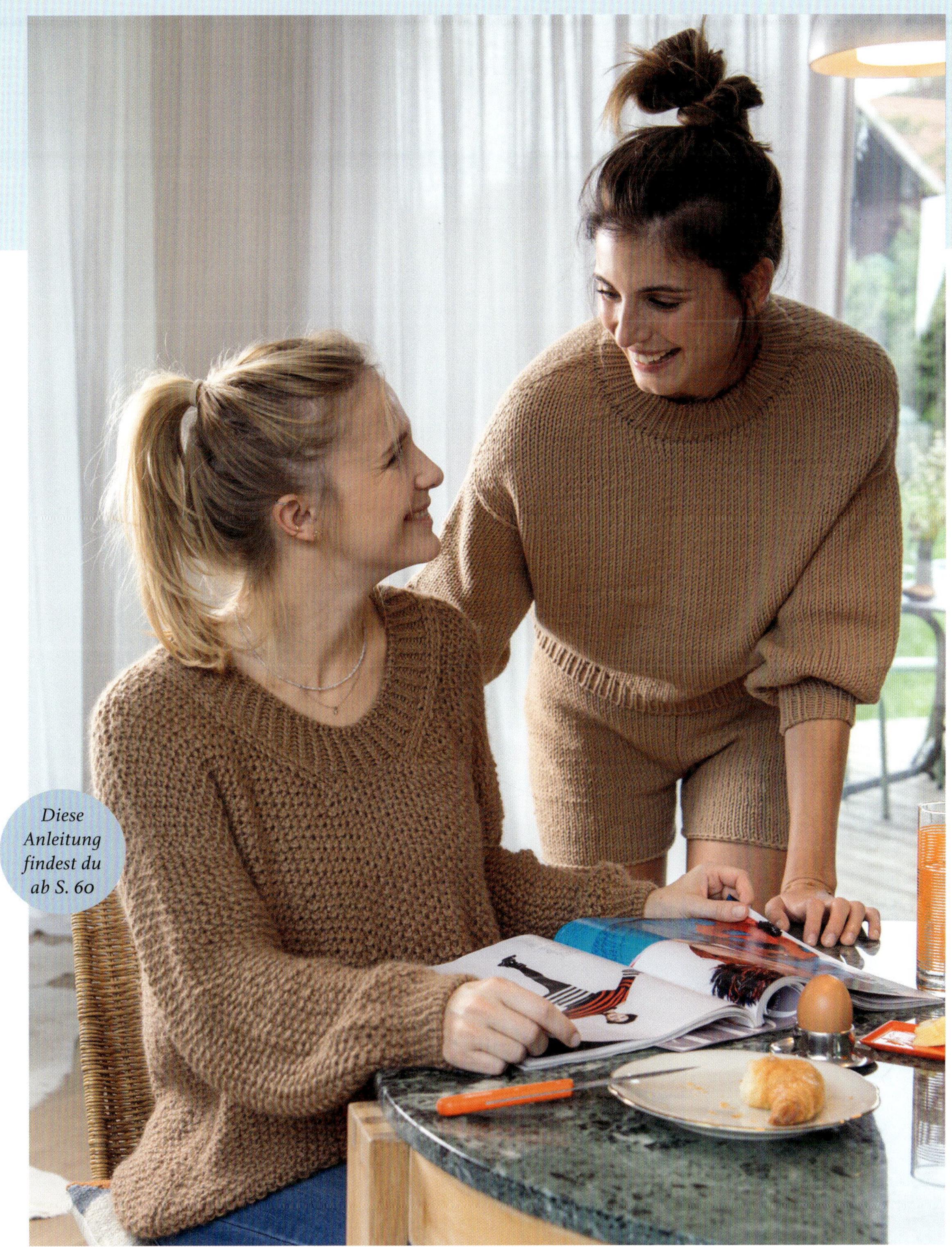

Diese Anleitung findest du ab S. 60

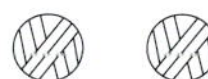

LOUNGY

Kurze Shorts mit Kordel-Bindung

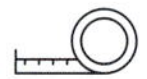

GRÖSSE

XXS, XS, S, M, L, XL, XXL

Hüftumfang
82,5/85/87,5/97,5/105/112,5/120 cm

Hosenbeinumfang
47,5/49/51/58/63/68/73

Hosenbeinlänge **(ab Schritt)**
9/9/9/12/14/14/15 cm

SITZ

Regular fit

MATERIAL

- LANG YARNS Merino 70 (98 % Merino extrafine superwash, 2 % Polyester, LL 70 m/50 g) in Beige (Fb 139), 200/250/250/300/350/400/450 g
- Rundstrick-Nd 6,0 mm (60 cm), optional 40 cm Seil für Hosenbeine anstatt Magic-Loop-Methode
- Häkel-Nd oder Strick-Nd 5,0 mm für Kordel
- Maschenmarkierer
- Vernähnadel

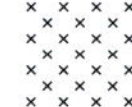

GRUNDMUSTER

Glatt rechts in Rd
Stets rechte M str.

1/1-Rippenmuster in Rd
* 1 M rechts, 1 M links, ab * wdh.

TECHNIKEN

Maschen aus Strickstück aufnehmen
I-Cord-Kordel str/häkeln

MASCHENPROBE

Glatt rechts mit Nd 6,0 mm
16 M und 21 R = 10 x 10 cm

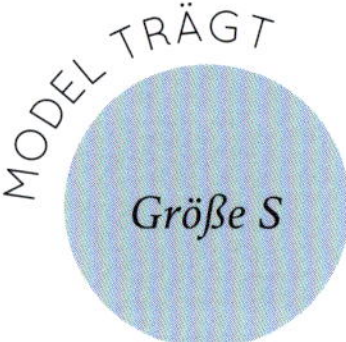

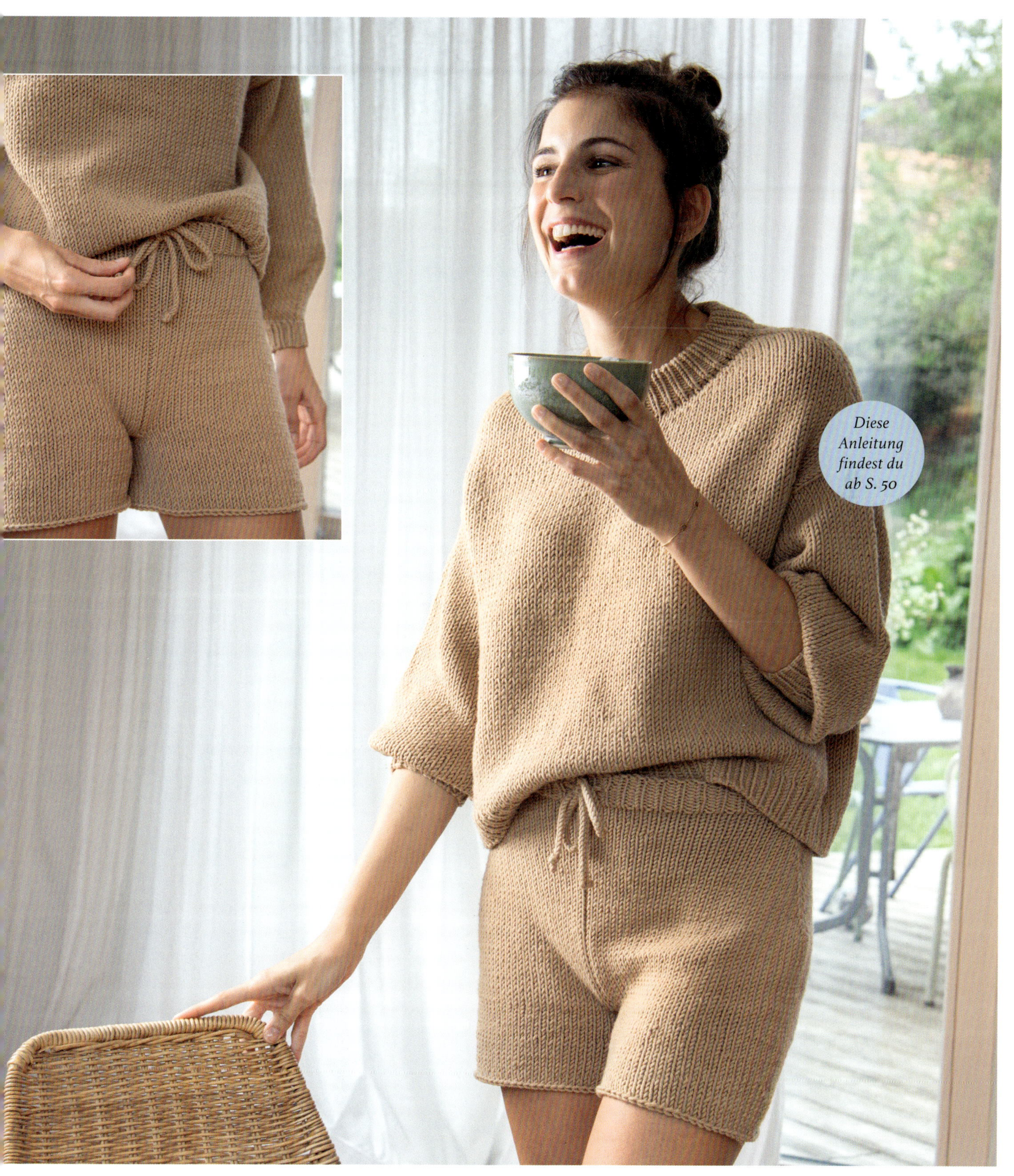
Diese
Anleitung
findest du
ab S. 50

STEP BY STEP

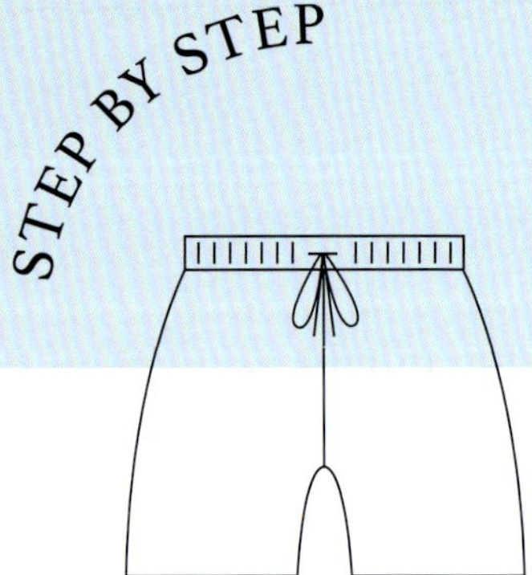

Die Shorts von oben nach unten in Runden str. Das Bündchen im Rippenmuster mit Löchern für die Kordel str. Die Hälfte des Bündchens an der Umschlagskante nach innen umschlagen und an der Innenseite annähen. Die Hose bis zum Schritt glatt rechts in Runden str, wobei vorne und hinten mittig eine Naht-Optik durch 1 linke Masche kreiert wird. Die Hosenbeine abschließend separat in Runden str.

BÜNDCHEN

Mit der Rundstrick-Nd 6,0 mm (60 cm) 84/88/92/100/108/116/124 M anschl, zur Rd schließen, RAM setzen. Der Rd-Anfang befindet sich an der rechten Seitenlinie.

1.–9. Rd: * 1 M rechts, 1 M links, ab * bis Rd-Ende wdh.

10. Rd: Str alle M links.

11.–13. Rd: * 1 M rechts, 1 M links, ab * bis Rd-Ende wdh.

Löcher für Kordel

Platziere einen MM mittig des gedanklichen Vorderteils (42/44/46/50/54/58/62 M), also nach 21/22/23/25/27/29/31 M. Durch das Abketten von 2 x einer M und Neuanschlagen dieser M in der nächsten Runde, die Löcher erzeugen.

14. Rd: Str 18/19/20/22/24/26/28 M im 1/1-Rippenmuster bis MM, 1 M abk, MM abh, str 4 M im 1/1-Rippenmuster, 1 M abk, str im 1/1-Rippenmuster bis Rd-Ende = 82/86/90/98/106/114/122 M.

15. Rd: Str 18/19/20/22/24/26/28 M im 1/1-Rippenmuster, 1 M neu anschl, str 2 M bis MM, MM abh, str 2 M im 1/1-Rippenmuster, 1 M neu anschl, str 1/1-Rippenmuster bis Rd-Ende = 84/88/92/100/108/116/124 M.

16.–19. Rd: * 1 M rechts, 1 M links, ab * bis Rd-Ende wdh.

HOSE

Der Rd-Anfang befindet sich an der rechten Seitenlinie. Seitlich zwischen Vorder- und Rückteil die Zunahmen str. Dazu einen weiteren MM nach 42/44/46/50/54/58/62 M platzieren = linke Seitenlinie.

1. Rd: * Str 21/22/23/25/27/29/31 M rechts, 1 M links, 20/21/22/24/26/28/30 M rechts bis MM *, ab * 1x wdh.

2. Rd: Str 1 M rechts, M1L, str M, wie sie erscheinen bis MM, M1R, MM abh, 1 M rechts, M1L, str alle M rechts bis Rd-Ende, M1R = 88/92/96/104/112/120/128 M.

3. Rd: Str alle M, wie sie erscheinen.

Str 1.–2. Rd insgesamt 12/12/12/14/15/16/17 x = 132/136/140/156/168/180/192 M.

Str für 8/10/10/13/14/14/15 cm alle M, wie sie erscheinen.

TIPP

Bringe die Maschen auf einen Garnfaden oder längeres Seil und probiere die Hose an. Zu diesem Zeitpunkt kannst du entscheiden, wie hoch die Hose sitzen soll, bevor du die Maschen für die Hosenbeine aufteilst.

RECHTES HOSENBEIN

Die M in der Mitte von Vorder- und Rückteil teilen und die M für die linke Hosenhälfte stilllegen wie folgt:
Str 33/34/35/39/42/45/48 M der rechten Hälfte des Vorderteils rechts, 10/10/12/14/16/18/20 M für den Schritt neu anschl, 33/34/35/39/42/45/48 M der linken Hälfte des Vorderteils und 33/34/35/39/42/45/48 M der linken Hälfte des Rückteils stilllegen, str 33/34/35/39/42/45/48 M der rechten Hälfte des Rückteils rechts = 76/78/82/92/100/108/116 M.
Str 9/9/9/12/14/14/15 cm glatt rechts. Oder so lang, wie du möchtest und dein Wollvorrat hergibt.
Alle M abk.

LINKES HOSENBEIN

Platziere die Shorts mit der Rückseite und den Hosenbeinen nach oben, starte zwischen den Beinen am Ende der neu angeschlagenen Maschen, str M des linken Rück- und Vorderteils rechts, nimm 10/10/12/14/16/18/20 M aus der Anschlagkante der für den Schritt angeschlagenen M auf = 76/78/82/92/100/108/116 M.
Str 9/9/9/12/14/14/15 cm glatt rechts.
Alle M abk.

KORDEL

Häkle eine I-Cord-Kordel oder stricke eine I-Cord Kordel aus 2 M. Die Kordel sollte ca. 115/115/120/125/130/135/140 cm lang sein. Mach an den Enden jeweils einen Knoten in die Kordel, aber erst nachdem du diese durch die Löcher gefädelt und im Bündchen durchgezogen hast.

FERTIGSTELLUNG

Schlage das Bündchen nach innen um und vernähe die Anschlagkante mit Überwendlingsstichen mit der letzten Runde des Rippenmusters.

TIPP

Lege die Kordel in das Bündchen ein, bevor du es zunähst. Dann musst du es nicht nachträglich durchfädeln.

Alle losen Fäden sauber vernähen. Shorts blocken/spannen und in Form bringen.

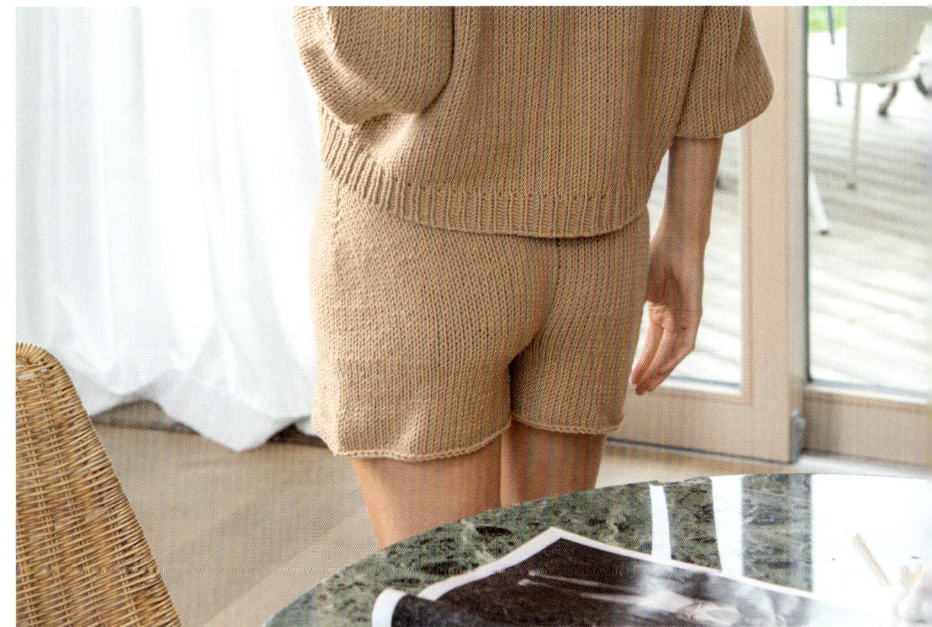

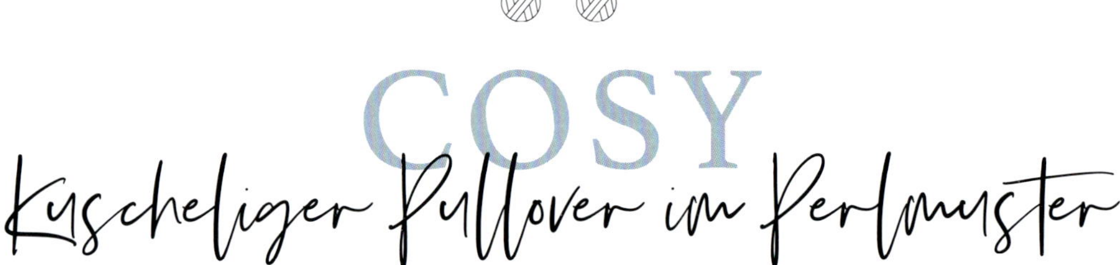

COSY
Kuscheliger Pullover im Perlmuster

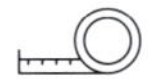

GRÖSSE

XXS, XS, S, M, L, XL, XXL

Brustumfang
93/100/115/124/136/144 cm
Länge
50/52/54/56/58/60 cm
Ärmelbreite
17/18/19/20/22/23 cm

SITZ

Regular bis oversized fit, überschnittene weite Ärmel

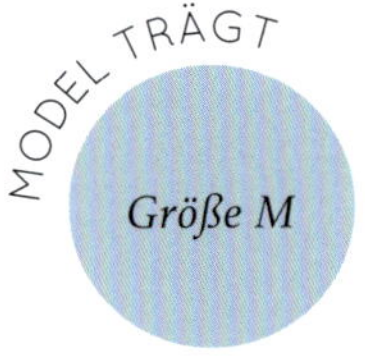

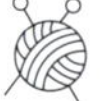

MATERIAL

- KNITLOOP 100 % BABY-ALPACA (100 % Baby-alpakawolle, LL 100 m/100 g) in Kamel, 600/600/700/700/800/800/900 g
- Rundstrick-Nd 6,0 mm (80 cm)
- Rundstrick-Nd 5,0 mm (80 cm), optional 40 cm Seil für Kragen und Nd-Spiel für Ärmel-bündchen anstatt Magic-Loop-Methode
- Vernähnadel
- Maschenmarkierer

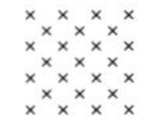

GRUNDMUSTER

Perlmuster in R
Hin-R: * 1 M rechts, 1 M links, ab * stets wdh.
Rück-R: * 1 M rechts, 1 M links, ab * stets wdh.

Bündchenmuster
Verschränktes 1/1-Rippen-muster in Rd:
* 1 M rechts durch das hintere M-Glied, 1 M links durch das hintere M-Glied, ab * stets wdh.

TECHNIKEN

M aus Strickstück aufnehmen
Italienisch abk
M verschränkt str
Rechts und links geneigte Zunahme aus dem Querfaden rechts und links abstr

MASCHENPROBE

Perlmuster Nd 6,0 mm
11 M und 20 R = 10 x 10 cm

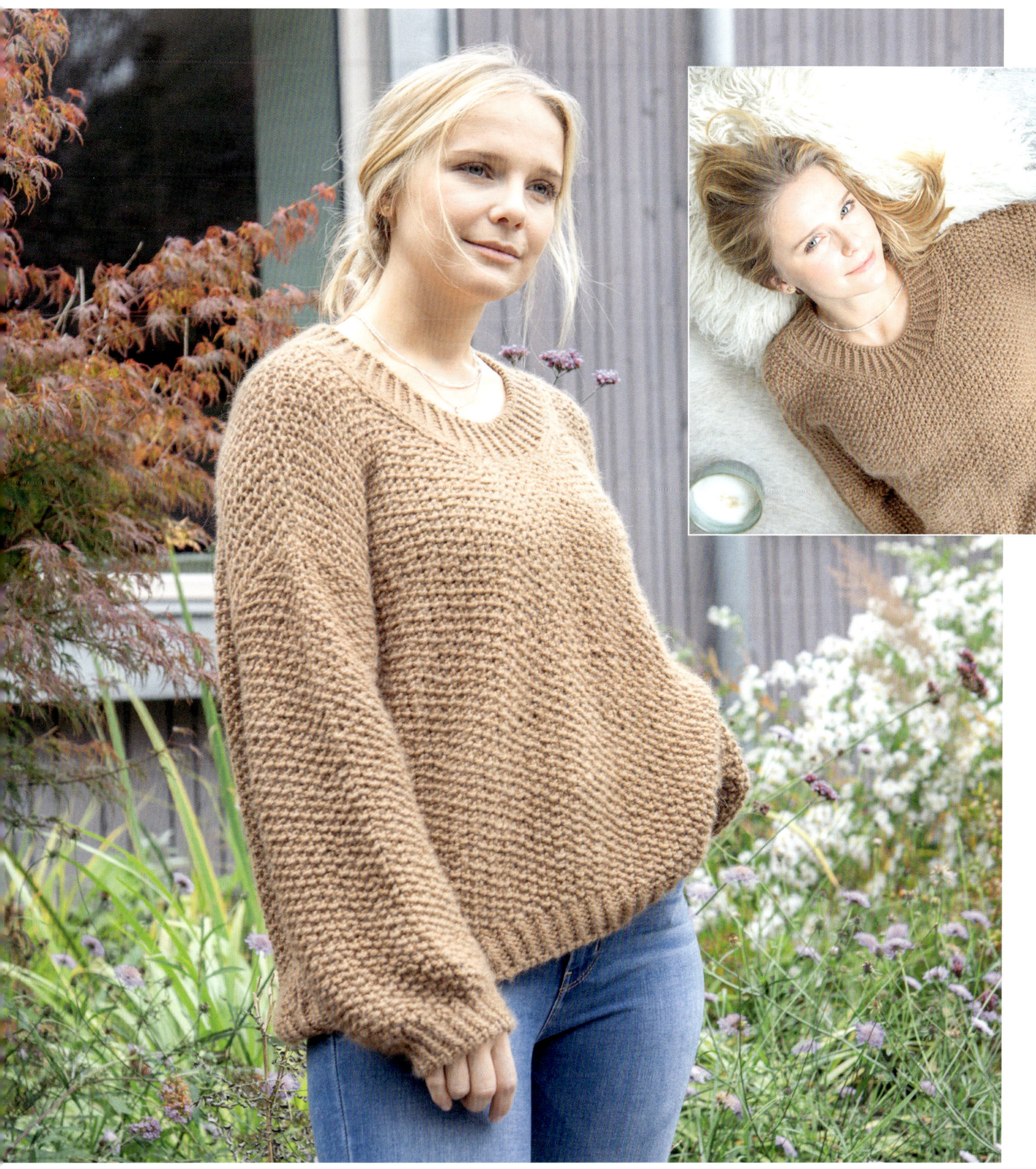

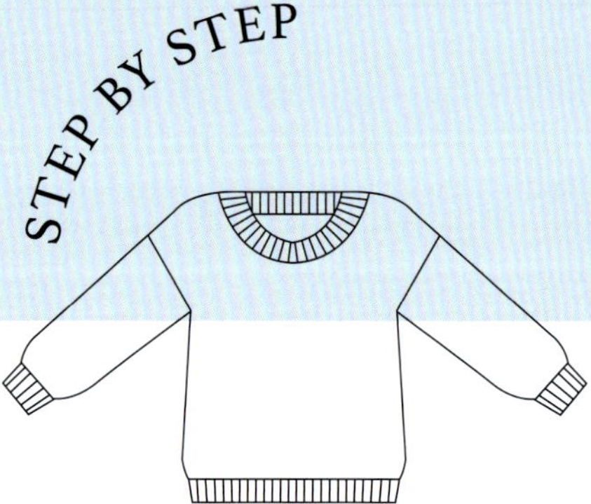

Zunächst das Rückteil von oben bis zum Beginn des Bündchens in R str. Aus der Anschlagkante, die die Schulternaht wird, separat M für die Vorderteile aufnehmen. Nachdem die Vorderteile gestrickt wurden, diese am Halsausschnitt verbinden. Das Vorderteil ebenfalls bis zum Beginn des Bündchens in R str. Das Bündchen über die M des Vorder- und Rückteils in Rd str. M für die Ärmel aus dem entsprechenden Bereich des Vorder- und Rückteils aufnehmen und in R bis zum Bündchen str. Das Bündchen ebenfalls in Rd str. Abschließend die Ärmel und die Seitennähte zwischen Vorder- und Rückteil mit Maschenstichen zusnähen.

HINWEIS: Ich bin ein großer Fan des Rundstrickens, aber aufgrund von unterschiedlichen Spannungen beim Stricken in Rd und R kann es zu einem Versatz im Muster (beim Wechsel von in R gestr Mustern zu in R gestr Mustern) kommen. Daher werden Körper und Ärmel in R gestr.

RÜCKTEIL

Mit der Rundstrick-Nd 6,0 mm (80 cm) 51/57/63/69/75/79/83 M anschl.

1. R (Hin-R): RM, * str 1 M rechts, str 1 M links, ab * bis 2 M vor Ende wdh, str 1 M rechts, RM.

2. R: RM, * str 1 M rechts, str 1 M links, ab * bis 2 M vor Ende wdh, str 1 M rechts, RM.

Str 1.–2. R bis das Strickstück 46/48/50/52/54/56/58 cm misst.

Alle M stilllegen. Garn abschneiden.

LINKE VORDERTEILHÄLFTE

Breite das Strickstück mit der Anschlagkante nach oben vor dir aus. Mit neuem Garn und Rundstrick-Nd 6,0 mm (80 cm) die M wie folgt aufnehmen: Zähle vom linken Rand 15/17/19/21/23/25/25 M nach rechts, stich in die 15./17./19./21./23./25./25. M und nimm 15/17/19/21/23/25/25 M aus der Anschlagkante auf (d.h. aus den abgezählten M bis zum linken Rand). Als Schulternaht-Detail und damit das Perlmuster neu starten kann, zunächst 3 R in kraus rechts str:

1. R (Rück-R): RM, str alle M rechts bis 3 M vor Ende, 2 M links, RM.

2. R: RM, str alle M rechts, RM.

3. R: Wie 1. R str.

4. R: RM, str 2 M rechts, * 1 M links, 1 M rechts, wdh ab * bis 2 M vor Ende, 1 M links, RM.

5. R: RM, * 1 M links, 1 M rechts, wdh ab * bis 4 M vor Ende, 3 M links, RM.

Str 4.–5. R insgesamt 8 x.

Zunahmen für Ausschnitt

1. R (Hin-R): RM, str 2 M rechts, M1L, * 1 M links, 1 M rechts, wdh ab * bis 2 M vor Ende, 1 M links, RM 16/18/20/22/24/26/26 M.

2. R: RM, * 1 M links, 1 M rechts, wdh ab * bis 3 M vor Ende, 2 M links, RM.

3. R: RM, str 2 M rechts, M1L-links, * 1 M rechts, 1 M links, wdh ab * bis 1 M vor Ende, RM

17/19/21/23/25/27/27 M.

4. R: RM, * 1 M links, 1 M rechts, wdh ab * bis 4 M vor Ende, 3 M links, RM.

Str. 1.–4. R insgesamt 4/4/5/5/6/6/7 x = 23/25/29/31/35/37/39 M.

Garn abschneiden.

RECHTE VORDERTEIL-HÄLFTE

Breite das Strickstück mit der Anschlagkante nach oben vor dir aus. Mit neuem Garn, Rundstrick-Nd 6,0 mm (80 cm) vom rechten Rand starten und 15/17/19/21/23/25/25 M aus der Anschlagkante aufnehmen.

1. R (Rück-R): RM, str alle M rechts bis 3 M vor Ende, str 2 M links, RM.

2. R: RM, str alle M rechts, RM.

3. R: Wie 1. R str.

4. R: RM, * 1 M links, 1 M rechts *, wdh von * bis * bis 3 M vor Ende, 2 M rechts, RM.

5. R: RM, str 2 M links, * 1 M links, 1 M rechts, ab * wdh bis 2 M vor Ende, 1 M links, RM.

Str 4.–5. R insgesamt 8 x.

Zunahmen für Ausschnitt

1. R (Hin-R): RM, * 1 M links, 1 M rechts, wdh ab * bis 4 M vor Ende, 1 M links, M1R, 2 M rechts, RM = 16/18/20/22/24/26/26 M.

2. R: RM, 2 M links, * 1 M rechts, 1 M links, wdh ab * bis 1 M vor Ende, RM.

3. R: RM, * 1 M links, 1 M rechts, wdh ab * bis 3 M vor Ende, M1R-links, 2 M rechts, RM = 17/19/22/23/25/27/27 M.

4. R: RM, 2 M links, * 1 M links, 1 M rechts, wdh ab * bis 2 M vor Ende, 1 M links, RM.

Str 1.–4. R insgesamt 4/4/5/5/6/6/7 x = 23/25/29/31/35/37/39 M.

Garn nicht abschneiden.

Verbinden beider Vorderteile

Set-Up: RM, * 1 M links, 1 M rechts, wdh ab * bis Ende der rechten Vorderteihälfte, 7 M neu anschl, * 1 M rechts, 1 M links, wdh ab * bis 1 M vor Ende der linken Vorderteilhälfte, RM = 53/57/65/69/77/81/85 M.

1. R (Rück-R): RM, * str 1 M links, str 1 M rechts, ab * bis 2 M vor Ende wdh, str 1 M links, RM.

2. R: RM, * str 1 M links, str 1 M rechts, ab * bis 2 M vor Ende wdh, str 1 M links, RM.

Wdh 1.–2. R, bis das Strickstück ab Schulternaht 46/48/50/52/54/56/58 cm misst.

BÜNDCHEN

Mit Rundstrick-Nd 6,0 mm. Str Vorderteil-M im Perlmuster bis 1 M vor Ende, str letzte M des Vorderteils (RM) mit erster M des Rückteils (RM) zus, str Rückteil-M im Perlmuster bis 1 M vor Ende, str letzte M des Rückteils (RM) mit erster M des Vorderteils (RM) zus, RAM = 102/112/126/136/150/158/166 M.

Vorderteil und Rückteil sind nun zur Runde geschlossen. Str Bündchenmuster, also verschränktes 1/1-Rippenmuster, für 8 Rd.

Set-up für italienisches Abketten

9. R: * Str 1 M rechts (nicht verschränkt), 1 M wie zum Linksstricken abh mit Faden vor der Arbeit, ab * stets wdh.

10. R: * 1 M wie zum Linksstricken abh mit Faden hinter der Arbeit, str 1 M links (nicht verschränkt).

Alle M italienisch abk.

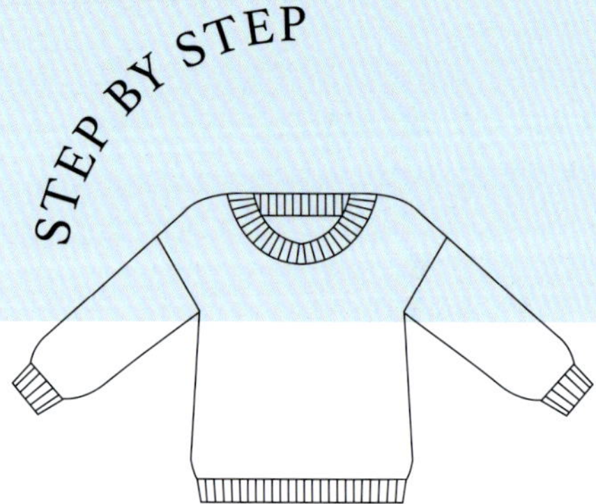

ÄRMEL

Falte den Pullover so auf, dass die Schulternaht und jeweils ca. 20–30 cm des Vorder- und Rückteils flach vor dir liegen. Miss ab der Schulternaht nach rechts 17/18/19/20/22/23/ 25 cm und nimm 1 M aus jeder 2. R auf: Je 17/17/19/19/21/ 23/25 M aus Vorder- und Rückteil und 1 M aus der Schulternaht = 35/35/39/39/ 43/47/51 M.

Achte darauf, dass die M-Anzahl ungerade ist.

1. R (Rück-R): RM, * str 1 M links, 1 M rechts, ab * wdh bis 2 M vor Ende, 1 M links, RM.

2. R: RM, * str 1 M links, 1 M rechts, ab * wdh bis 2 M vor Ende, 1 M links, RM.

Str 1.–2. R, bis der Ärmel 32/ 32/32/34/34/35/35 cm misst oder bis zu deiner gewünschten Länge.

Bündchen

Str das Bündchen genauso wie das des Körpers, d.h. die beiden RM zusstr, wobei du hier eine Rundstrick-Nd 5,0 mm (80 cm) oder ein Nd-Spiel verwendest = 34/36/38/40/44/ 46/50 M.

KRAGEN

Mit der Rundstricknadel 5,0 mm (40 oder 80 cm) aus dem Halsausschnitt die M für den Kragen, beginnend bei der rechten Schulternaht, 1 M aus 1 R wie folgt aufnehmen: 21/23/25/27/29/29/33 M aus Rückteil, 1 M aus Schulternaht, 22/22/26/26/30/30/39 M entlang linkem V-Ausschnittrand, 7 M aus Anschlagkante, 22/ 22/26/26/30/30/39 M entlang rechtem V-Ausschnittrand, 1 M aus Schulternaht, RAM = 74/ 76/86/88/98/98/120 M. Achte darauf, dass die M-Anzahl gerade ist.

Str den Kragen genauso wie die Bündchen des Körpers und der Ärmel.

FERTIGSTELLUNG

Alle Fäden sauber vernähen. Pullover blocken/spannen und in Form bringen. Dabei kannst du bei Bedarf noch kleine individuelle Anpassungen an gewünschte Länge und Breite vornehmen, denn sowohl die Wolle als auch das Muster sind recht elastisch.

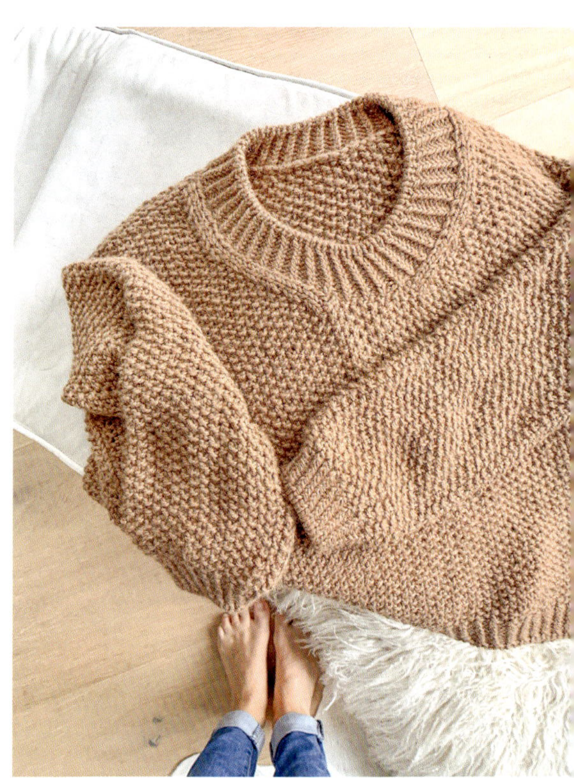

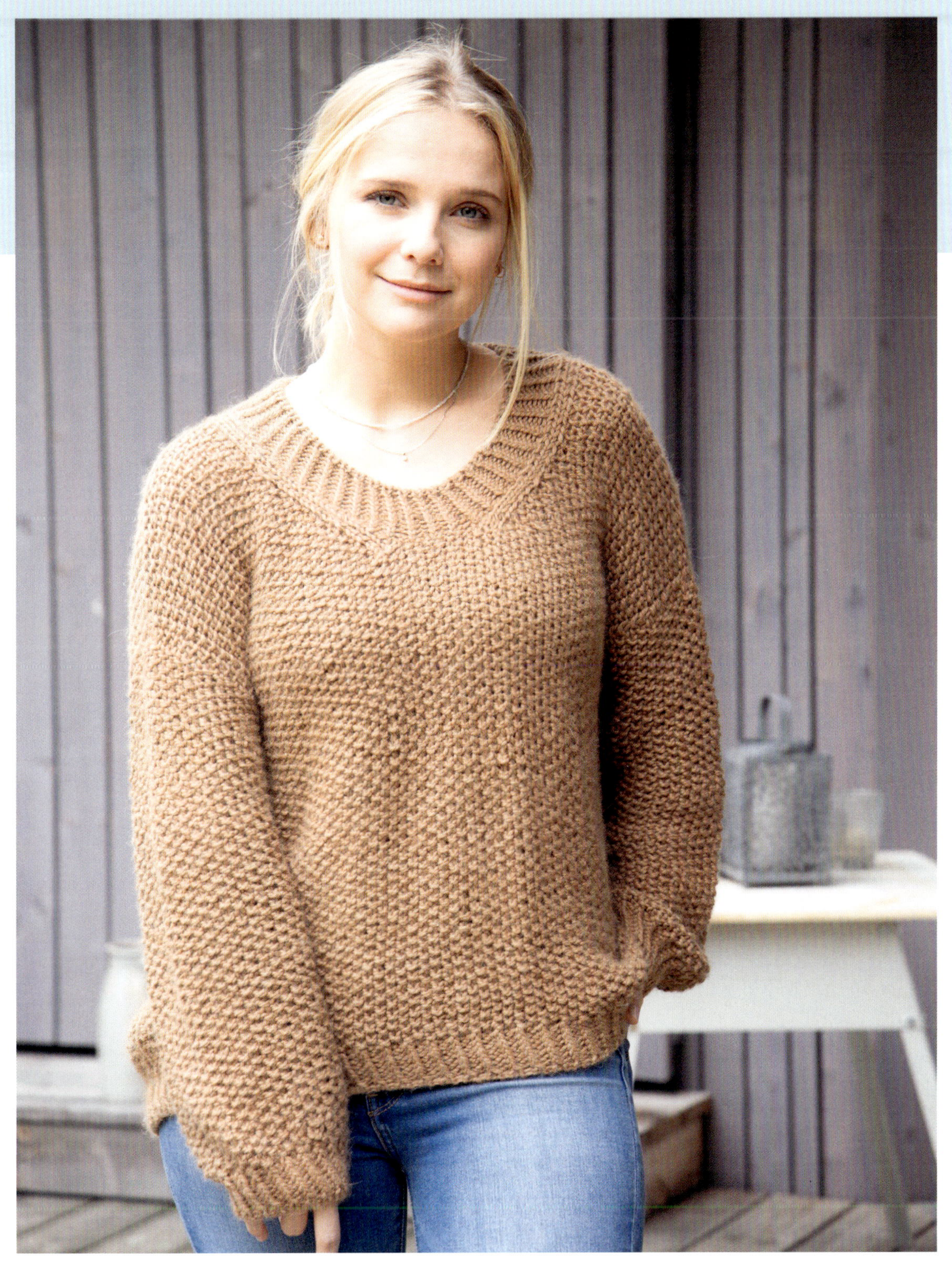

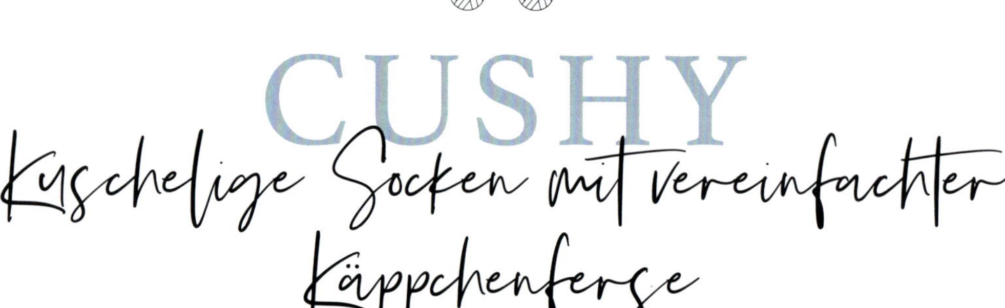

CUSHY
Kuschelige Socken mit vereinfachter Käppchenferse

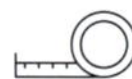

GRÖSSE
(35–36), (37–38), (39–40), (41–42), (43–44)

Schaftlänge
13/13/15/16/17 cm

SITZ
Reguläre Socken-/Schuhgröße

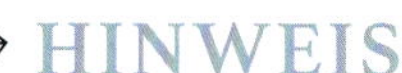

HINWEIS
Die Angaben für die einzelnen Größen stehen von der kleinsten bis zur größten Größe von (35–36) – (43–44) hintereinander, jeweils durch Schrägstriche getrennt. Steht nur eine Angabe, gilt diese für alle Größen.

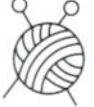

MATERIAL
- KNITLOOP 100 % BABYALPACA (100 % Babyalpakawolle, LL 100 m/100 g) in Kamel, 100/100/200/200/200 g
- Solltest du den Schaft länger stricken wollen, brauchst du weitere 100 g für die Größen (37–38), (41–42), (43–44).
- Nd-Spiel 5,0 mm
- Maschenmarkierer

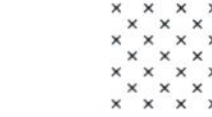

GRUNDMUSTER
Glatt rechts in Rd
Stets rechte Maschen.

1/1-Rippenmuster in Rd
* 1 M rechts, 1 M links, ab * stets wdh.

Randmasche
Erste und letzte M rechts str.

TECHNIKEN
M aus Strickstück aufnehmen

MASCHENPROBE
Glatt rechts mit Nd 5,0 mm
16 M und 23 R = 10 x 10 cm

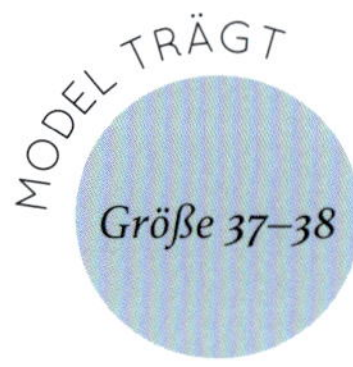

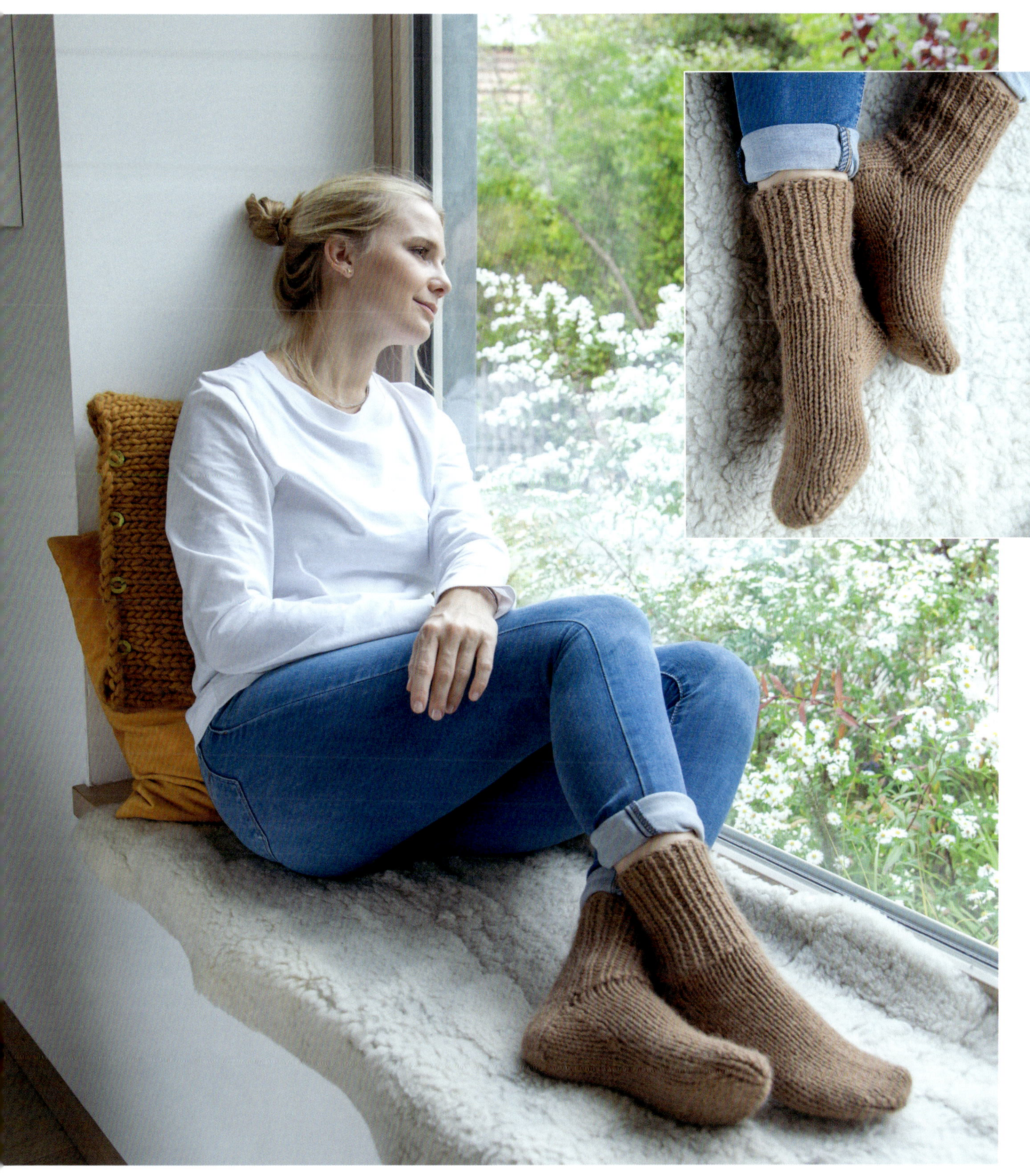

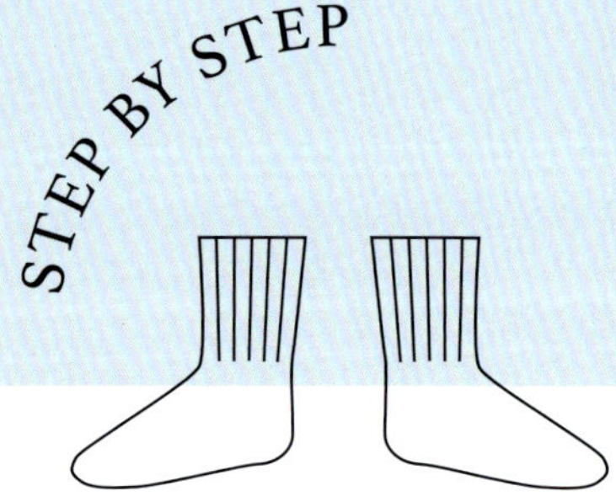

Die Socken in Rd im Rippenmuster str, beginnend mit dem Schaft, beendend mit den Abnahmen zur Formung der Spitze.

BÜNDCHEN

Mit dem Nd-Spiel 5,0 mm 28/28/34/36/40 M **locker** anschl und zur Rd schließen, RAM setzen.
Str 28/28/34/36/38 Rd im 1/1-Rippenmuster. Der Schaft sollte ca. 11,5/11,5/14/15/16 cm messen.
Str 2 Rd glatt rechts.

FERSE

Die Rückseite der Ferse in R über 12/12/14/14/16 M str, während die restlichen M auf dem Nd-Spiel ruhen.
1. R: Str 12/12/14/14/16 M rechts.
2. R: RM, str 10/10/12/12/14 M links, RM.
Str 1.–2. R für insgesamt 14/14/16/16/18 R, die letzte R ist eine Rück-R.

Abnahmen

Hin-R: RM, str 2 M linksgen zus, str M rechts bis 3 M vor Ende, str 2 M rechtsgen zus, RM = 10/10/12/12/14 M.
Rück-R: RM, str 2 M linksgen zus, str M links bis 3 M vor Ende, str 2 M rechtsgen zus (durch hinteres M-Glied), RM = 8/8/10/10/12 M.
Hin-R: Str 8/8/10/10/12 M rechts, nimm 7/7/8/8/9 M entlang der Fersenwand (Knötchenrand) auf, setze MM, str 16/16/20/22/24 M rechts, setze MM, nimm 7/7/8/8/9 M entlang der Fersenwand auf = 38/38/46/48/54 M.
Str 1 Rd alle M rechts, dabei nach den ersten 4/4/5/5/6 M den RAM setzen.

ZWICKEL

1. Rd: Str rechts bis 2 M vor MM, str 2 M rechtsgen zus, MM abh, str rechts bis MM, MM abh, str 2 M linksgen zus, str rechts bis RAM.
2.–3. Rd: Str glatt rechts.
Str 1.–3. Rd insgesamt 6/4/6/5/6 x. Du solltest nun 26/30/34/38/42 M zählen. MM entfernen.
Str glatt rechts in Rd, bis die Socke 13/14/15/17/19 cm ab Fersenwand misst.

> **TIPP** Zähle die Rd, damit die zweite Socke identisch wird.

SPITZE

Platziere MM wie folgt: Ab RAM gezählt nach 6/7/8/9/10 M einen MM setzen und nach weiteren 13/14/17/19/21 M einen MM setzen. Die Maschen sind somit gleichmäßig zwischen den MM aufgeteilt.
1. Rd: * Str rechts bis 2 M vor MM, str 2 M linksgen zus, 1 M rechts, str 2 M rechtsgen zus, ab * noch 1x wdh, str rechts bis RAM = 22/26/30/34/38 M.
2. Rd: Str alle M rechts.
Str 1.–2. Rd insgesamt 4/4/5/6/6 x. Du solltest nun 10/14/14/14/18 M zählen.
Garn mit einer Restlänge von 20 cm abschneiden.

Die M gleichmäßig auf 2 Nd des Nd-Spiels aufteilen, die Nd hintereinanderlegen und mit Maschenstich M verbinden.

FERTIGSTELLUNG

Alle Fäden sauber vernähen. Socken blocken/spannen und in Form bringen. Dabei kannst du bei Bedarf noch kleine individuelle Anpassungen an gewünschte Länge und Breite vornehmen.

HINWEIS: Solltest du Wolle übrig haben, nimm M entlang der Anschlagkante auf und str den Schaft länger.

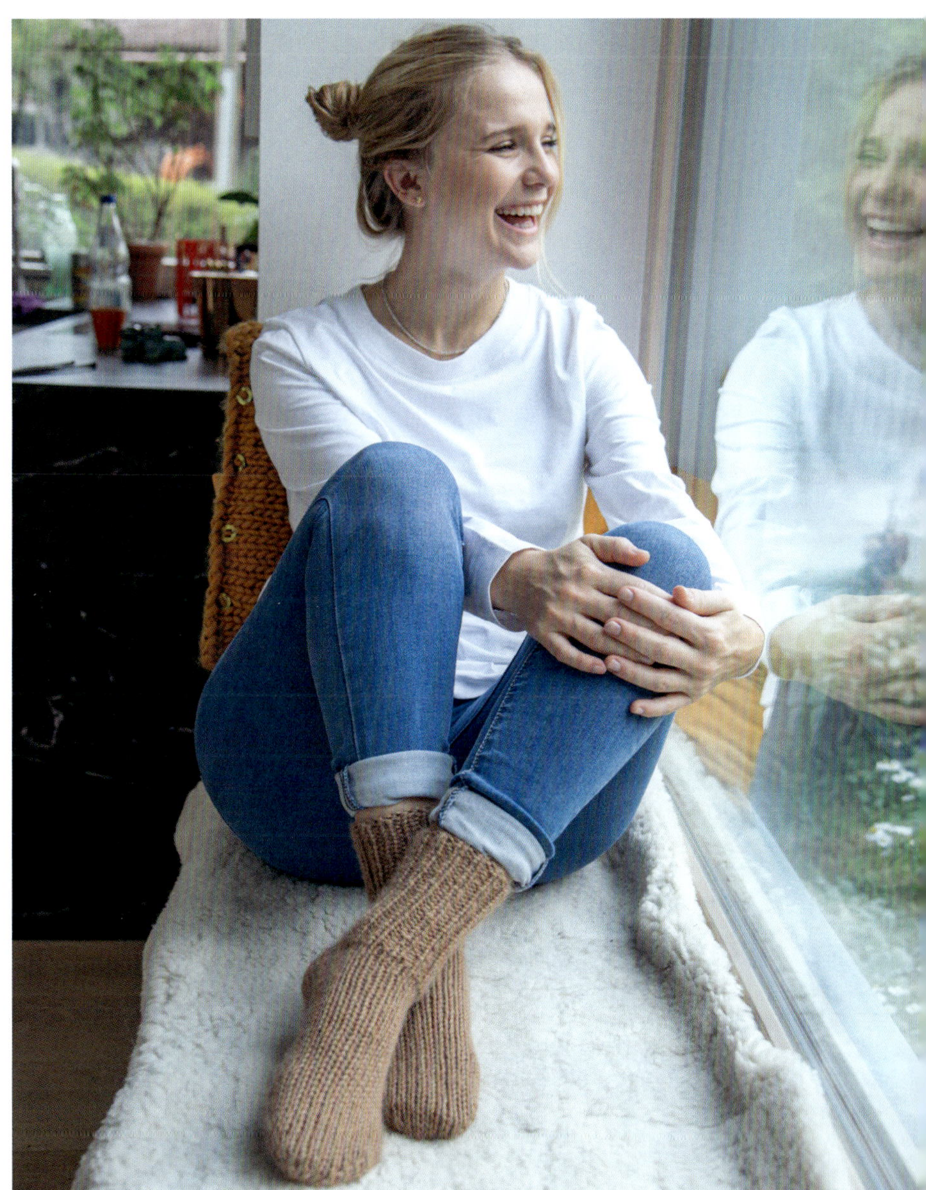

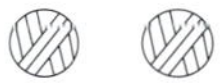

WARMING
Kuscheliger Rollkragen

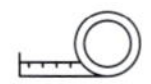

GRÖSSE

XXS, XS, S, M, L, XL, XXL
Breite an Schulter:
40/41/45/48/52/55/59 cm
Länge ab Schulter (äußerster Punkt)
14/14/16/16/18/19/20 cm

SITZ

Regular fit

TECHNIKEN

Patent-Zunahmen
Patent-Abnahmen
Italienisch abketten

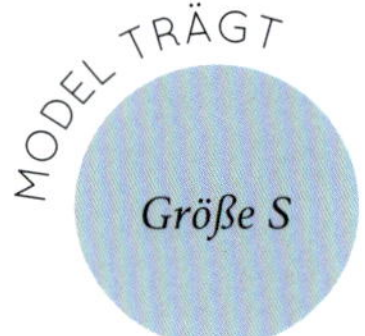

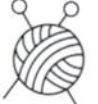

MATERIAL

- KNITLOOP SHINY YAK (50 % Yakhaare, 50 % Maulbeerseide, LL 466 m/100 g) in Puder, 100/100/100/200/200 g zusammen mit:
- KNITLOOP BABY LAMB ALPACA (100 % Babyalpakawolle, LL 400 m/100 g) in Weiß (Fb 01), 100/100/100/200/200 g
- Rundstrick-Nd 4 mm (80 cm), optional Nd-Spiel oder 40-cm-Seil für Kragen anstatt Magic-Loop-Methode
- Maschenmarkierer
- Vernähnadel

MASCHENPROBE

Vollpatent mit Nd 4,0 mm
15 M und 40 R = 10 x 10 cm
HINWEIS: Im klassischen Patentmuster erscheinen 2 R wie 1 R.
HINWEIS: Doppelfädig str.

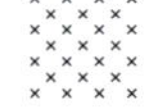

GRUNDMUSTER

Vollpatent in Rd

Set-Up-Rd: * 1 M mit U abh, 1 M rechts, ab * wdh bis Rd-Ende.
1. Rd: * 1 M mit dem U links zusstr (Doppel-M = DM links), 1 M mit U abh, ab * wdh bis Rd-Ende.
2. Rd: * 1 M mit U abh, 1 M mit dem U rechts zusstr (Doppel-M = DM rechts), ab * wdh bis Rd-Ende.

Vollpatent in R

Set-Up-R: * 1 M mit U abh, 1 M rechts, ab * wdh bis R-Ende.
Alle weiteren R: * 1 M mit U abh, 1 M mit U rechts zusstr (DM), ab * wdh bis R-Ende.

Randmasche

Erste M abh mit Faden vor Arbeit und letzte M rechts str.

Besondere Abkürzungen

VP: Vollpatent
P-Zun: Patent-Zunahme
P-Abn: Patent-Abnahme

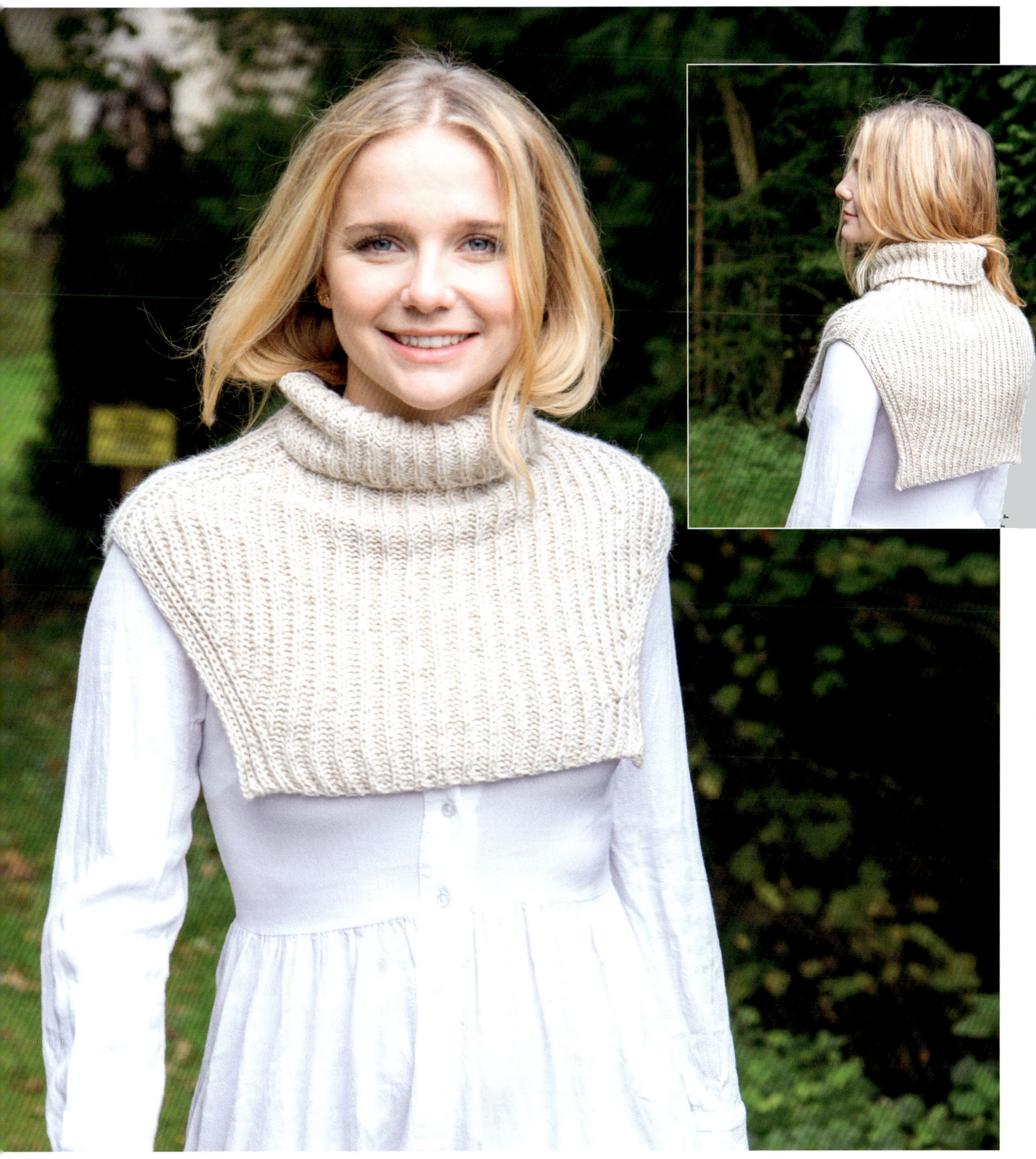

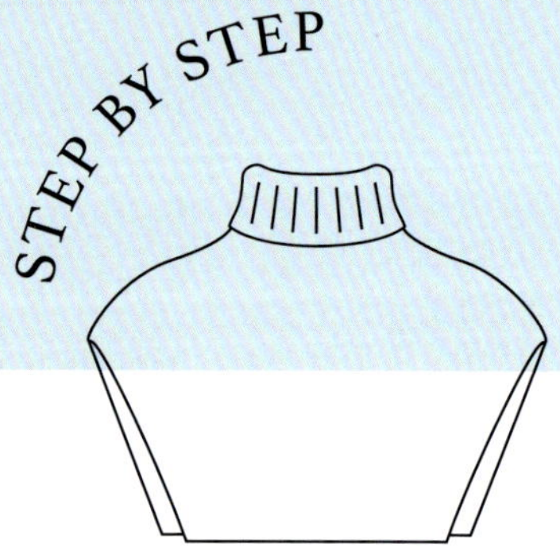

Den Neck von oben beginnend mit dem Rollkragen in Rd str. Die Schulter-Zunahmen erfolgen ebenfalls in Runden und als Patent-Zunahmen jeweils rechts und links neben den Schulter-M. Daher werden pro Zunahme-Rd 8 Zunahmen gestr. Der Rd-Anfang befindet sich mittig auf der Rückseite. Anschließend die M für das Vorder- und Rückteil aufteilen und in R weiterstr.

ROLLKRAGEN

Mit der Rundstrick-Nd 4,0 mm (80 cm) 64/68/72/72/76/76/80 M im italienischen M-Anschlag anschl.

HINWEIS: Sollte diese Technik zu kompliziert sein, kannst du die M auch normal, aber locker anschlagen.

1. R (Set-up M-Anschlag): * 1 M wie zum Linksstricken abh mit Faden vor Arbeit, str 1 M rechts verschr, ab * wdh bis R-Ende.

2. R (Set-up M-Anschlag): * 1 M wie zum Linksstricken abh mit Faden vor Arbeit, str 1 M rechts, ab * wdh bis R-Ende.

3. R (Set-up Vollpatent): * 1 M mit U abh, 1 M rechts, ab * wdh bis R-Ende. Zur Runde schließen, RAM setzen (= rückwärtige Mitte).

1. Rd: * Str M mit U links (DM), 1 M mit U abh, ab * wdh bis Rd-Ende.

2. Rd: * 1 M mit U abh, str DM rechts, ab * wdh bis Rd-Ende.

Str 1.–2. Rd für 17 cm. Beende mit einer 1. Rd.

SCHULTER-ZUNAHMEN

Die MM wir folgt platzieren: RAM, nach 14/14/16/16/16/16/18 M, nach 5 Schulter-M, nach weiteren 27/29/31/31/33/33/35 M (Vorderteil), nach 5 Schulter-M.

HINWEIS: Die Zunahmen werden immer in der Rd gestr, in der die DM eine rechte M ist.

1. Rd: * Str VP bis 1 M vor MM, P-Zun, MM abh, str VP bis MM, MM abh, P-Zun, ab * noch 1x wdh, str VP bis RAM = 72/76/80/80/84/84/88 M.

2.–6. Rd: Str VP, wobei in der 2. Rd die neue linke M der Zunahmen links gestr wird. Es existiert noch kein U, daher kann keine DM gestr werden.

Str. 1.–6. Rd insgesamt 7/7/8/9/10/11/12 x = 120/124/136/144/156/164/176 M.

Beende mit einer Rd, in der die rechten M als DM gestr werden.

Garn abschneiden. 55/57/63/67/73/77/83 Vorderteil-M und an beiden Seiten des Vorderteils je 2 Schulter-M stilllegen = 59/61/67/71/77/81/87 M.

RÜCKTEIL

Rückteil-M auf eine Nd bringen. Neues Garn, weiterhin doppelfädig arbeiten.

Hin-R: Beginne an mittiger Schulter-M der linken Schulter. Kette 1 linke Schulter-M ab, indem du den Garnanfang durch die M fädelst, str 2 Schulter-M VP, str 55/57/63/67/73/77/83 Rückteil-M VP, str 2 Schulter-M VP = 59/61/67/71/77/81/87 M.

Str 7/7/7/7/11/13/15 R VP, denk an die RM.

Abnahmen

HINWEIS: Die Abnahmen erfolgen in Hin-R.

1. R: RM, 5 M VP, linksgen P-Abnahme, str VP bis 9 M vor R-Ende, rechtsgen P-Abnahme, str 5 M VP, RM = 55/57/63/67/69/73/76 M.

2.–8. R: VP mit RM.

Str 1. – 8 R insgesamt 5/5/6/6/6/6/6 x = 39/41/43/47/53/57/63 M.

Str weitere 9/9/7/7/11/13/15 R VP mit RM.

Garn abschneiden.

Italienisch abk.

VORDERTEIL

Analog zum Rückteil arbeiten.

FERTIGSTELLUNG

Neck blocken/spannen und in Form bringen. Dabei kannst du bei Bedarf noch kleine individuelle Anpassungen an gewünschte Länge und Breite vornehmen.

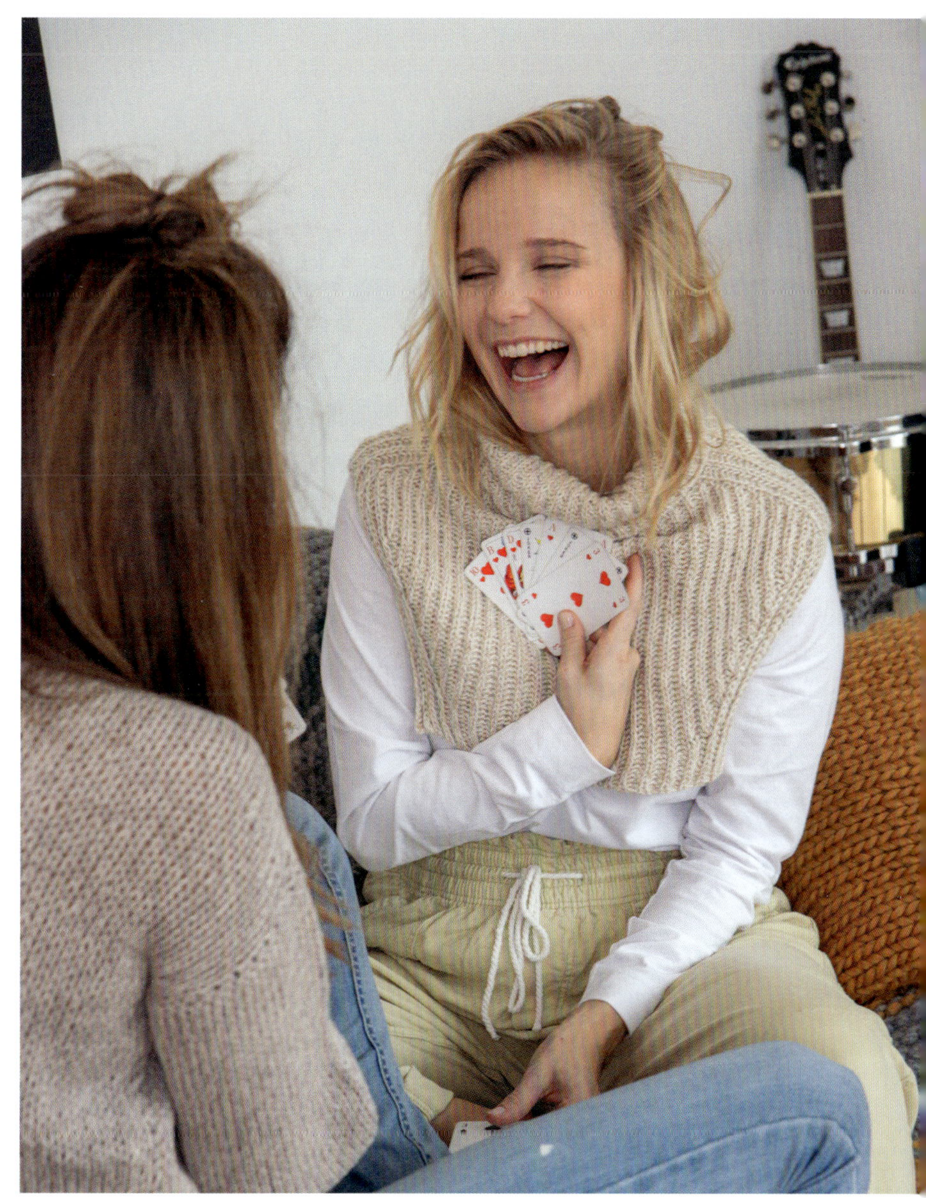

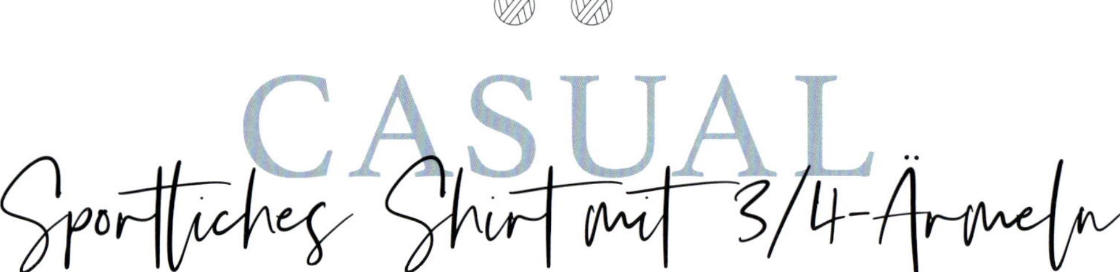

CASUAL
Sportliches Shirt mit 3/4-Ärmeln

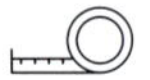

GRÖSSE
XXS, XS, S, M, L, XL, XXL

Brustumfang
80/86/94/104/120/136/150 cm

Länge
45/46/49/53/60/66/70 cm

Ärmelbreite unterm Arm
12/13,5/16/18/22/36/29,5 cm

SITZ
Regular fit

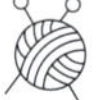

MATERIAL
- LAMANA COSMA (60 % Pima Baumwolle, 40 % Modal, LL 100 m/50 g) in Taubenblau (Fb 36), 275/275/300/325/350/375/400 g
- Rundstrick-Nd: 5,0 mm (80 cm), optional Nd-Spiel oder 40-cm-Seil für Ärmel anstatt Magic-Loop-Methode
- Maschenmarkierer
- Vernähnadel

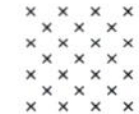

GRUNDMUSTER
Glatt rechts in R
Hin-R: Stets rechte M str.
Rück-R: Stets linke M str.

Glatt rechts in Rd
Stets rechte M str.

TECHNIKEN
Verkürzte Reihen
M aus Strickstück aufnehmen

MASCHENPROBE
Glatt rechts mit Nd 5,0 mm
19 M und 23 R = 10 x 10 cm

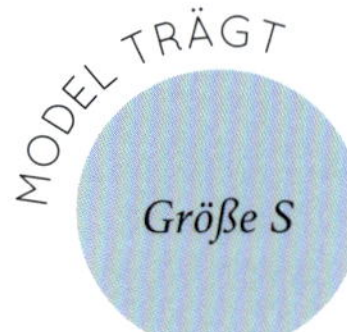

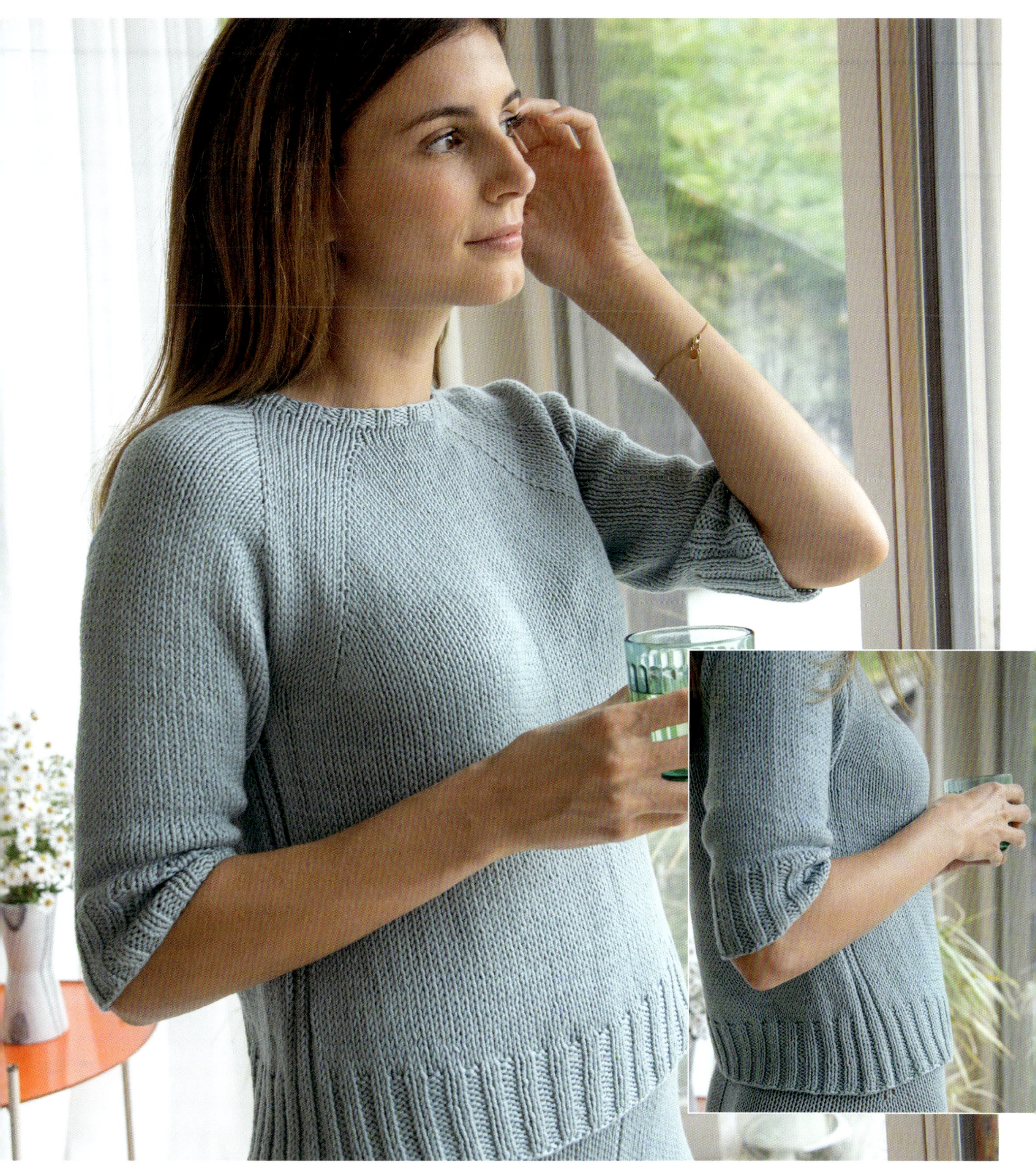

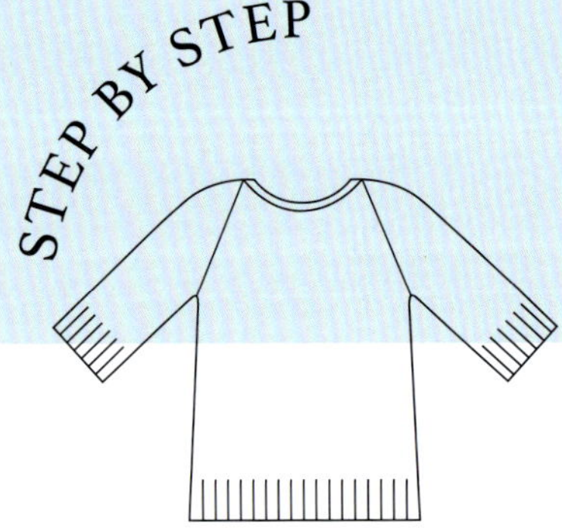

Das Shirt von oben nach unten in Runden str. Nach einem kurzen 2/2-Rippenkragen folgen verkürzte Reihen. Die Raglan-Zunahmen in jeder zweiten Runde str. Um den Körper zu stricken, die Ärmel-M stilllegen und M unter dem Arm aufnehmen, dann diese M im 2/2-Rippenmuster str. Abschließend die M für die Ärmel in Runden str.

PASSE

Mit der Rundstrick-Nd 5,0 mm (80 cm) 80/80/84/84/100/116/132 M anschl, zur Rd schließen, RAM setzen. Der Rd-Anfang befindet sich vor einer Raglan-Schräge des Rückteils.

1.–4. Rd: * 2 M rechts, 2 M links, ab * wdh.

5. Rd: Str alle M rechts und platziere dabei die MM wie folgt:
RAM = MM1, 10 Raglan-M, MM2, 6/6/6/6/10/14/18 Ärmel-M, MM3, 10 Raglan-M, MM4, 14/14/14/14/18/22/26 Vorderteil-M, MM5, 10 Raglan-M, MM6, 6/6/6/6/10/14/18 Ärmel-M, MM7, 10-Raglan-M, MM8, 14/14/18/18/22/26/30 Rückteil-M.

Verkürzte Reihen

1. R (Hin-R): Str alle M rechts bis 2 M hinter MM3, Arbeit wenden.

2. R (Rück-R): VRM, str alle M links bis 2 M hinter MM6, Arbeit wenden.

3. R (Hin-R): VRM, str alle M rechts bis VRM, str VRM aus 1. R rechts, str 2 weitere M rechts, Arbeit wenden.

4. R (Rück-R): VRM, str alle M links bis VRM, str VRM aus 3. R links, str 2 weitere M links, Arbeit wenden.

5. R (Hin-R): VRM, str alle M rechts bis RAM.

Raglan-Zunahmen

1. Rd: Str Raglan-M rechts bis MM, MM abh, M1L, str Ärmel-M rechts bis MM, M1R, MM abh, str Raglan-M rechts bis MM, MM abh, M1L, str Vorderteil-M rechts bis MM, M1R, MM abh, str Raglan-M rechts bis MM, MM abh, M1L, str Ärmel-M rechts bis MM, M1R, MM abh, str Raglan-M rechts bis MM, MM abh, M1L, str Rückteil-M rechts bis RAM, M1R, RAM abh = 88/90/92/92/108/124/140 M.

2. Rd: Str alle M rechts.

Str 1.–2. R insgesamt 18/20/24/28/34/40/44 x = 224/242/276/308/372/436/484 M.
Die M sollten wie folgt verteilt sein: 50/54/66/74/90/106/118 Rückteil-M, 50/54/62/70/86/102/114 Vorderteil-M, je 42/46/54/62/78/94/106 Ärmel-M, 40 Raglan-M.

KÖRPER

Die M des Vorder- und Rückteils sowie die Raglan-M zusammenführen, während die Ärmel-M stillgelegt werden: Str 10 Raglan-M rechts, Ärmel-M stilllegen, neuen RAM setzen, 6 M neu anschl, 10 Raglan-M rechts, Vorderteil-M rechts, 10 Raglan-M rechts, Ärmel-M stilllegen, MM setzen, 6 M neu anschl, 10 Raglan-M rechts, Rückteil-M rechts. Entferne dabei sämtliche bisherigen MM = 152/160/180/196/228/260/284 M.

1. Rd. Str 10 M rechts bis RAM, RAM abh, 2 M links, 2 M rechts, 2 M links, str alle M rechts bis MM, MM abh, 2 M links, 2 M rechts, 2 M links, str alle M rechts bis RAM.
Str **1. Rd**, bis das Strickstück ca. 23/23/22/23/24/25/26 cm ab Armanfang misst.

Bündchen

* 2 M links, 2 M rechts, ab * wdh.
Str 6 cm im 2/2-Rippenmuster.
Im 2/2-Rippenmuster abk.

ÄRMEL

Starte mittig unter dem Arm mit neuem Garn.
Nimm 3 M aus den neu angeschl M des Körpers auf, str stillgelegte Ärmel-M, nimm 3 M auf, setze RAM = 48/52/60/68/84/100/112 M.

1.–10. Rd: Glatt rechts str.
11. Rd: 1 M rechts, str 2 M rechtsgen zus, str rechts bis 3 M vor RAM, str 2 M linksgen zus, 1 M rechts = 46/50/58/66/82/98/110 M.
Str **1.–11. Rd** insgesamt 2/2/2/4/4/6/6 x = 44/48/56/60/76/88/100 M.
Str 5 Rd glatt rechts.

Bündchen

Wie beim Körper str.

FERTIGSTELLUNG

Alle losen Fäden sauber vernähen. Shirt blocken/spannen und in Form bringen. Dabei kannst du bei Bedarf noch kleine individuelle Anpassungen an gewünschte Länge und Breite vornehmen.

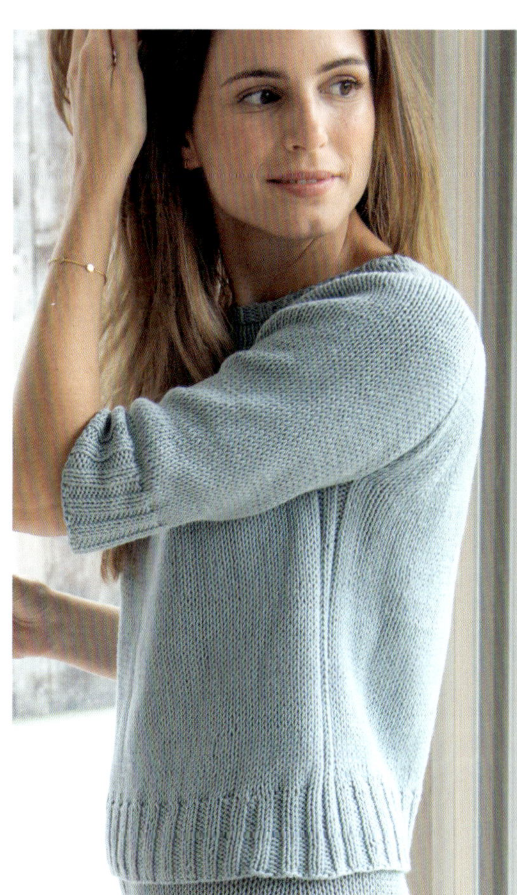

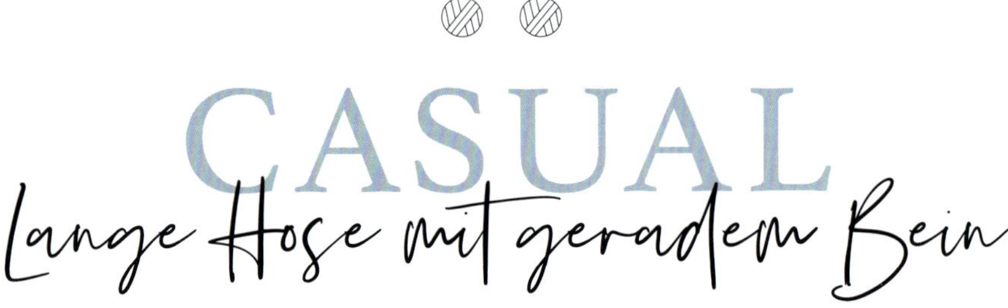

CASUAL
Lange Hose mit geradem Bein

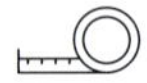

GRÖSSE

XXS, XS, S, M, L, XL, XXL

Hüftumfang
78/80/85/90/96,5/104/111 cm

Hosenbeinumfang
51/54/59/61/65/68/72 cm

Hosenbeinlänge (ab Schritt)
60/63/66/69/72/75/75 cm

SITZ

Slim fit

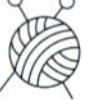

MATERIAL

- LAMANA COSMA (60 % Pima-Baumwolle, 40 % Modal, LL 100 m/50 g) in Taubenblau (Fb 36), 275/275/300/325/350/375/400 g
- Rundstricknadel 4,0 mm (60 cm)
- Rundstricknadel 5,5 mm (80 cm)
- optional 40-cm-Seil für Hosenbein anstatt Magic-Loop-Methode
- PRYM Elastic-Bund (25 mm), 120 cm
- Maschenmarkierer
- Vernähnadel

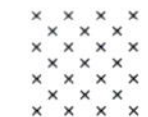

GRUNDMUSTER

Glatt rechts in Rd
Stets rechte M str.

TECHNIKEN

Zunahmen aus Querfaden str
M aus Anschlagkante aufn

MASCHENPROBE

Glatt rechts mit Nd 5,5 mm
17 M und 22 R = 10 x 10 cm

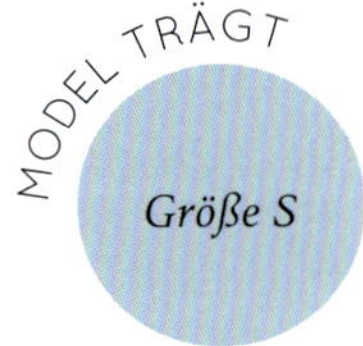

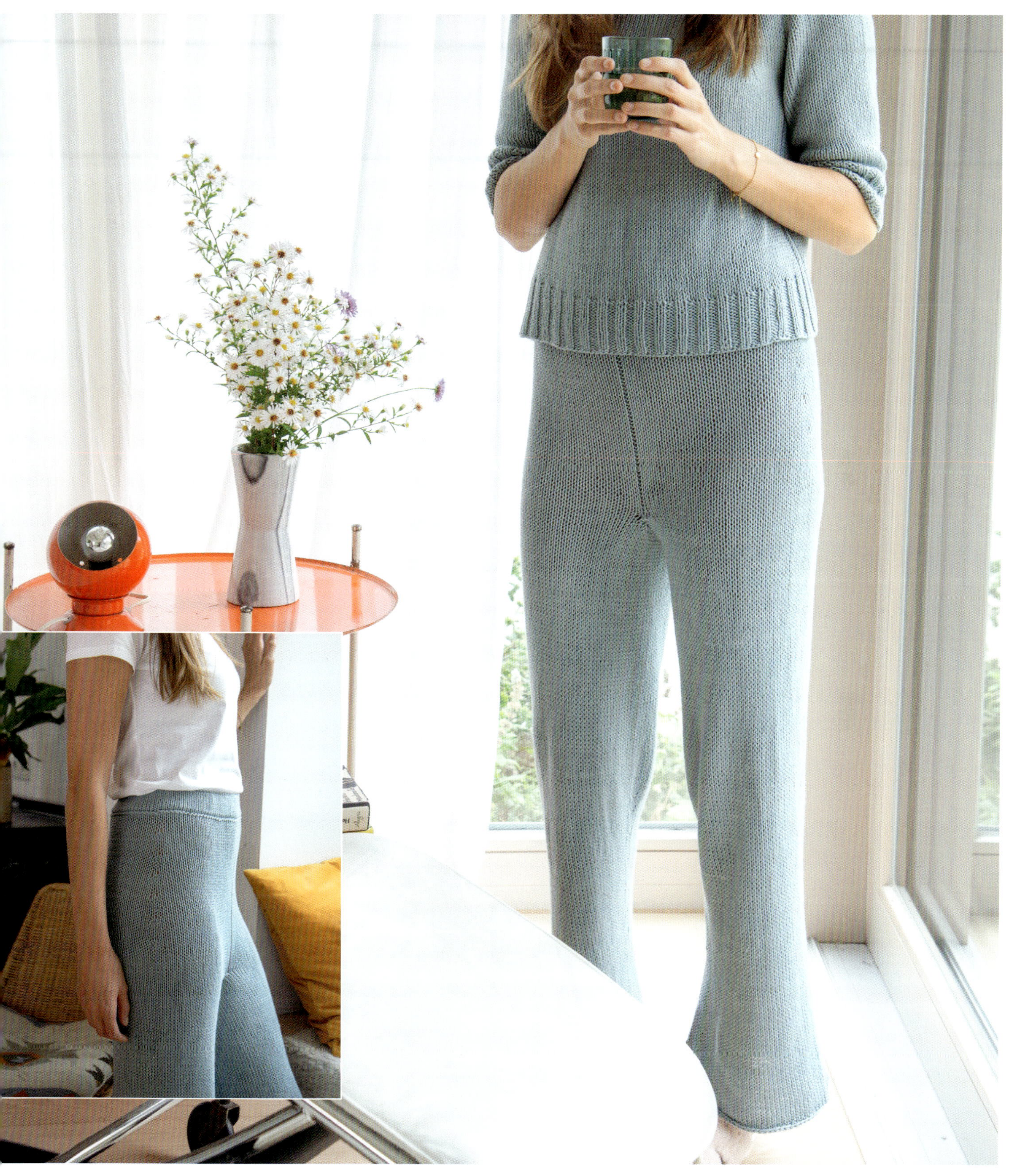

STEP BY STEP

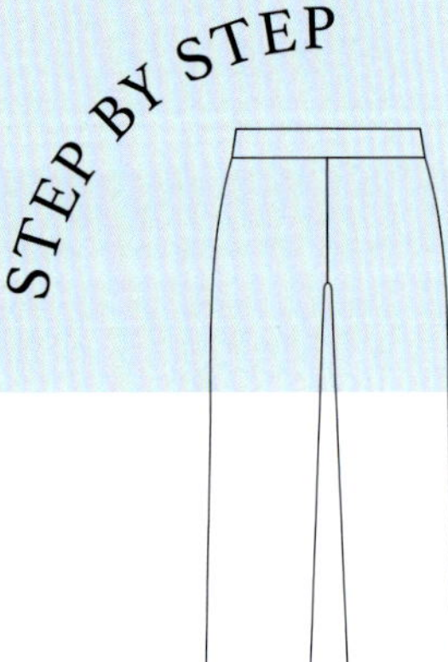

Die Hose von oben nach unten in Runden str. Die Hälfte des Bündchens an der Umschlagskante nach innen umschlagen, einen breiten Elastic-Bund einlegen und an der Innenseite vernähen. Die Hose bis zum Schritt glatt rechts in Runden stricken, wobei vornee und hinten mittig eine Naht-Optik durch 1 linke Masche kreiert wird. Die Hosenbeine abschließend separat in Runden str.

BÜNDCHEN

Mit der Rundstrick-Nd 4,0 mm (60 cm) 112/116/120/124/132/140/148 M anschl, zur Rd schließen, RAM setzen. Der Rd-Anfang befindet sich an der rechten Seitenlinie.

1.–10. Rd: Str stets rechte M.
11. Rd: Str alle M links.
12.–22. Rd: Str stets rechte M.

HOSE

Der Rundenanfang befindet sich an der rechten Seitenlinie. Mittig des Vorder- und Rückteils immer 1 M links str, seitlich zwischen Vorder- und Rückteil jeweils Zunahmen str. Dazu ab RAM gezählt alle 28/29/30/31/33/35/37 M einen MM platzieren. Wechsel auf Rundstrick-Nd 5,0 mm (80 cm).

1. Rd: Str alle M links.
2.–7. Rd: Str 28/29/30/31/33/35/37 M rechts bis MM, MM abh, 1 M links, str 56/58/60/62/66/70/74 M rechts bis MM, MM abh, 1 M links, str rechts bis Rd-Ende.
8. Rd: * 1 M rechts, M1L, str alle M rechts bis MM, MM abh, 1 M links, str alle M rechts bis MM, M1R, MM abh, ab * noch 1x wdh = 116/120/124/128/136/144/152 M.
9.–14. Rd: Str alle M, wie sie erscheinen.

Str 8.–14. Rd insgesamt 5/5/6/7/8/9/10 x = 132/136/144/152/164/176/188 M.

Str weitere 4 Rd alle M, wie sie erscheinen.

TIPP

Bringe die M auf einen Garnfaden oder ein längeres Seil und probiere die Hose an. Zu diesem Zeitpunkt kannst du entscheiden, wie hoch die Hose sitzen soll, bevor du die M für die Hosenbeine aufteilst.

RECHTES HOSENBEIN

Str 33/34/36/38/41/44/47 M der rechten Hälfte des Rückteils rechts, MM entfernen, 20/24/28/28/28/28/28 M neu anschl, 66/68/72/76/82/88/94 M der linken Hälfte des Rückteils und des Vorderteils stilllegen, str 33/34/36/38/41/44/47 M der rechten Hälfte des Vorderteils rechts = 86/92/100/104/110/116/122 M.

Str 33 cm glatt rechts.

Abnahmen an Innenseite

Platziere nach 43/46/50/52/55/58/61 M einen MM.

1. Rd: Str M rechts bis MM, str 2 M rechtsgen zus, 1 M rechts, str 2 M linksgen zus, str M rechts bis Rd-Ende = 84/90/98/102/108/114/120 M.
2.–7. Rd: Str alle M rechts.

Str 1.–7. Rd insgesamt 5/6/7/8/9/10/10 x = 76/80/86/88/92/96/102 M.

Str 13 cm glatt rechts.

Probiere die Hose und pass die Länge des Beins an dich an.

Danach alle M abk.

LINKES HOSENBEIN

Lege die Hose mit der Rückseite und den Hosenbeinen nach oben hin, starte in der Mitte der neu angeschlagenen M zwischen Vorder- und Rückseite. Nimm 10/12/14/14/14/14/14 M aus der Anschlagkante auf, str die M des linken Vorder- und Rückteils rechts, nimm 10/12/14/14/14/14/14 M aus der Anschlagkante auf = 84/90/98/102/108/114/120 M. Str 33 cm glatt rechts.

Abnahmen an Innenseite

1. Rd: Str 1 M rechts, str 2 M rechtsgen zus, str alle M rechts bis 2 M vor Rd-Ende, str 2 M linksgen zus = 84/90/98/102/108/114/120 M.
2.–7 Rd: Str alle M rechts.

Str 1.–7. Rd insgesamt 5/6/7/8/9/10/10 x = 76/80/86/88/92/96/102 M.
Str 13 cm glatt rechts.
Alle M abk.

FERTIGSTELLUNG

Schlage das Bündchen nach innen um und vernähe die Anschlagkante mit Überwendlingsstichen mit der letzten Runde im Glatt-rechts-Muster. Um den Elastic-Bund auf deinen gewünschten Umfang einzustellen, solltest du einen Abschnitt von ca. 5 cm noch nicht zunähen.

TIPP
Lege den Elastic-Bund in das Bündchen ein, bevor du es zunähst. Dann musst du ihn nicht nachträglich durchfädeln.

Probiere die Hose an und fixiere den Elastic-Bund mit einer Sicherheitsnadel auf deinen gewünschten Umfang. Schneide den Elastic-Bund in deiner gewünschten Länge + 2 cm ab. Vernähe Anfang und Ende des Bands mit einer Überlappung von 1 cm. Nähe die offen gelassenen 5 cm des Bündchens an.

Alle losen Fäden sauber vernähen. Hose blocken/spannen und in Form bringen.

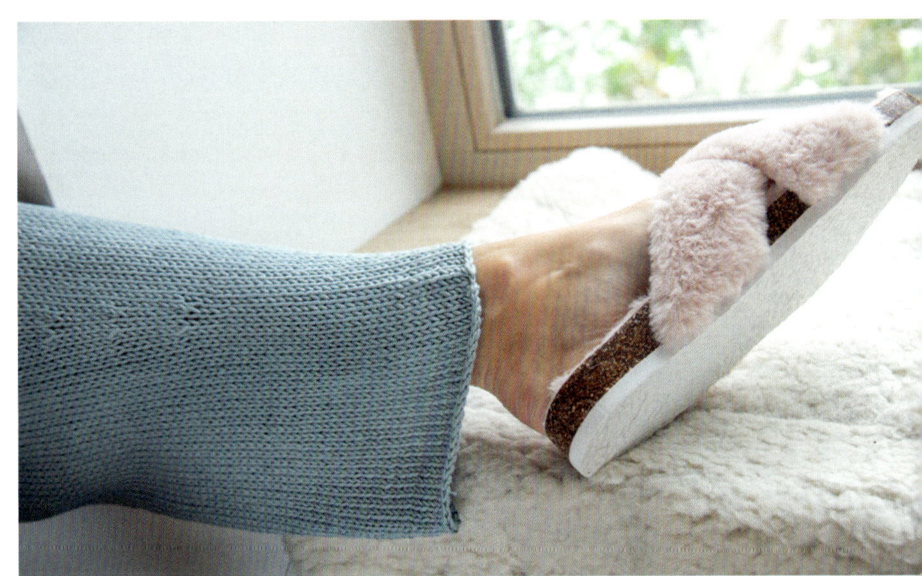

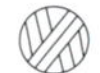

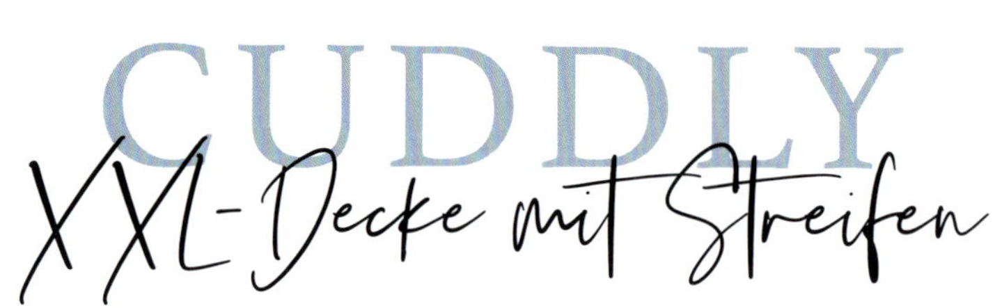

CUDDLY
XXL-Decke mit Streifen

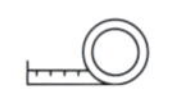

GRÖSSE

Breite: 136 cm
Länge: 150 cm

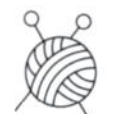

MATERIAL

- WE ARE KNITTERS THE WOOL (100 % Schafwolle, LL 80 m/200 g) in Dunkelgrau marmoriert, 1400 g, in Waldgrün, 200 g, in Ocker, 200 g
- Rundstrick-Nd: 15,0 mm (120 cm)

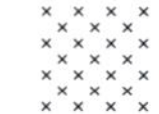

GRUNDMUSTER

Kraus rechts in R

Hin- und Rück-R: Stets rechte M str.

Randmasche

Hin- und Rück-R: Erste M mit Faden vor der Arbeit abh, letzte M rechts str.

MASCHENPROBE

Kraus rechts mit Nd 15,0 mm

5 M und 10 R = 10 x 10 cm

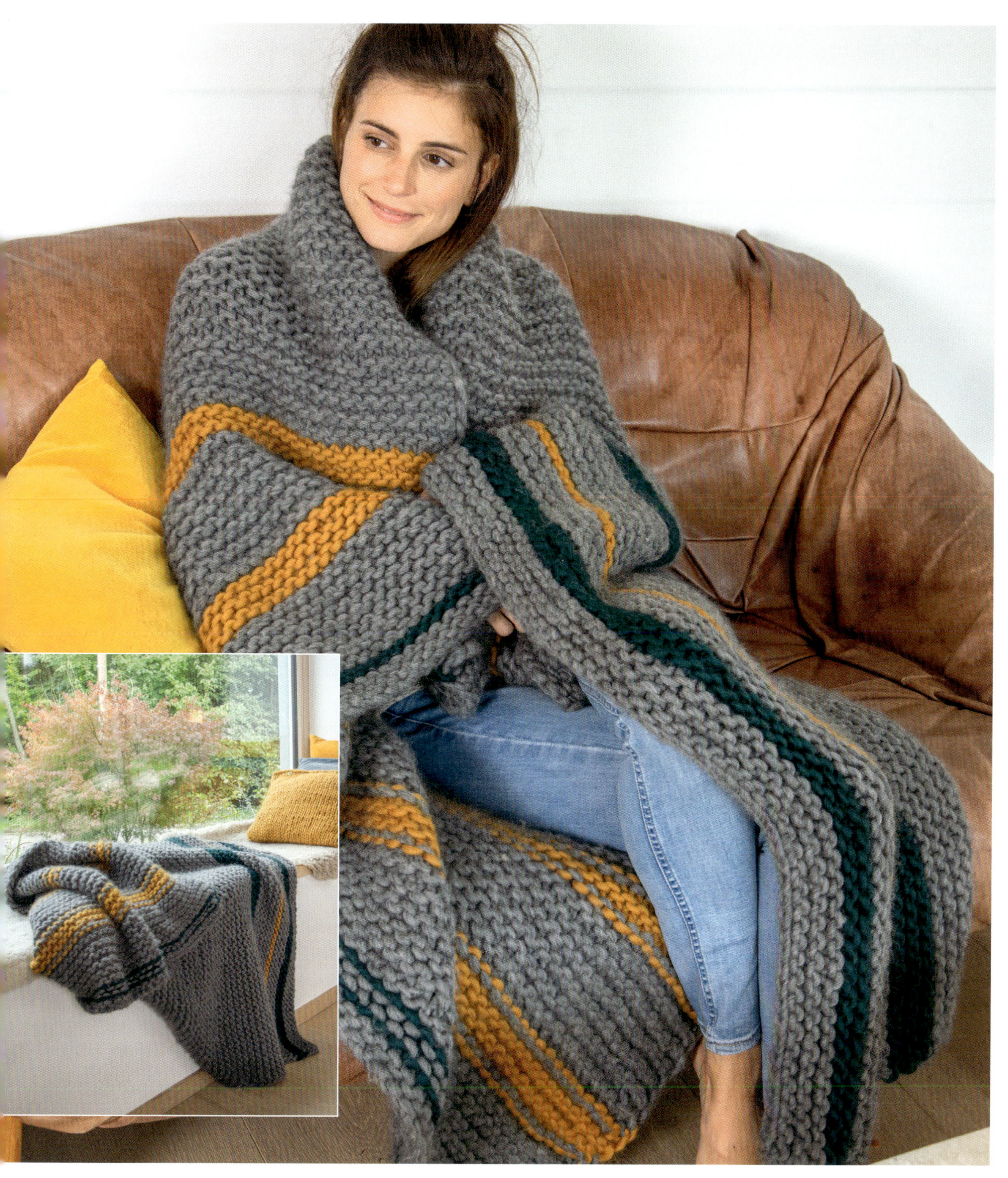

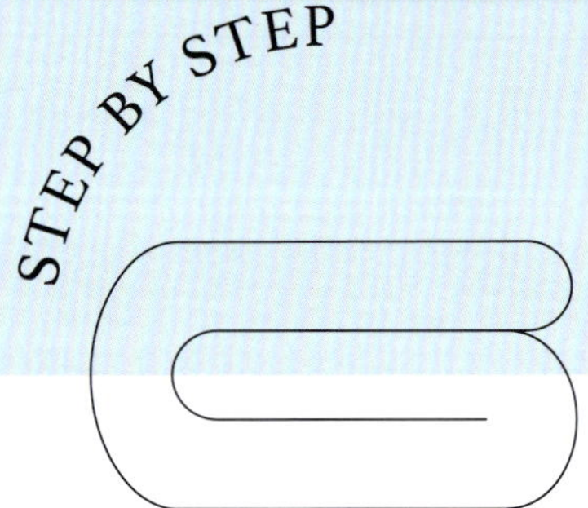

Die Decke hat mit 140 R eine Länge von 140 cm. Ich möchte dich ermutigen, die Lage, Anzahl und Breite der Streifen nach deinem Belieben zu str. Mit der Rundstrick-Nd 15,0 mm (120 cm) 68 M locker anschl.

Streifenfolge

6 R Dunkelgrau, 4 R Waldgrün, 6 R Dunkelgrau, 2 R Ocker, 12 R Dunkelgrau, 6 R Waldgrün, 62 R Dunkelgrau, 4 R Ocker, 14 R Dunkelgrau, 6 R Ocker, 14 R Dunkelgrau, 2 R Waldgrün und 2 R Dunkelgrau = 140 R.

Alle M locker abk.

FERTIGSTELLUNG

Alle Fäden sauber vernähen.

TIPP

Geh an die Anordnung der Streifen nicht zu verkopft ran. Lass deiner Kreativität freien Lauf und entscheide vielleicht während des Strickens, welche Farbe als Nächstes dran kommt.

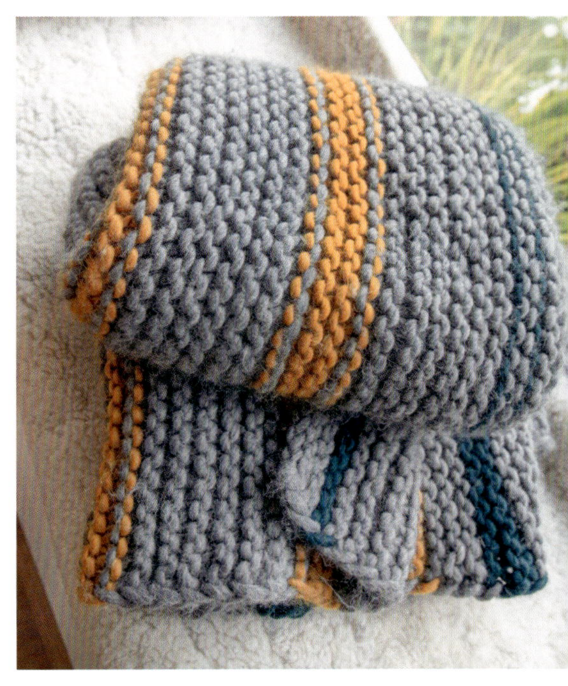

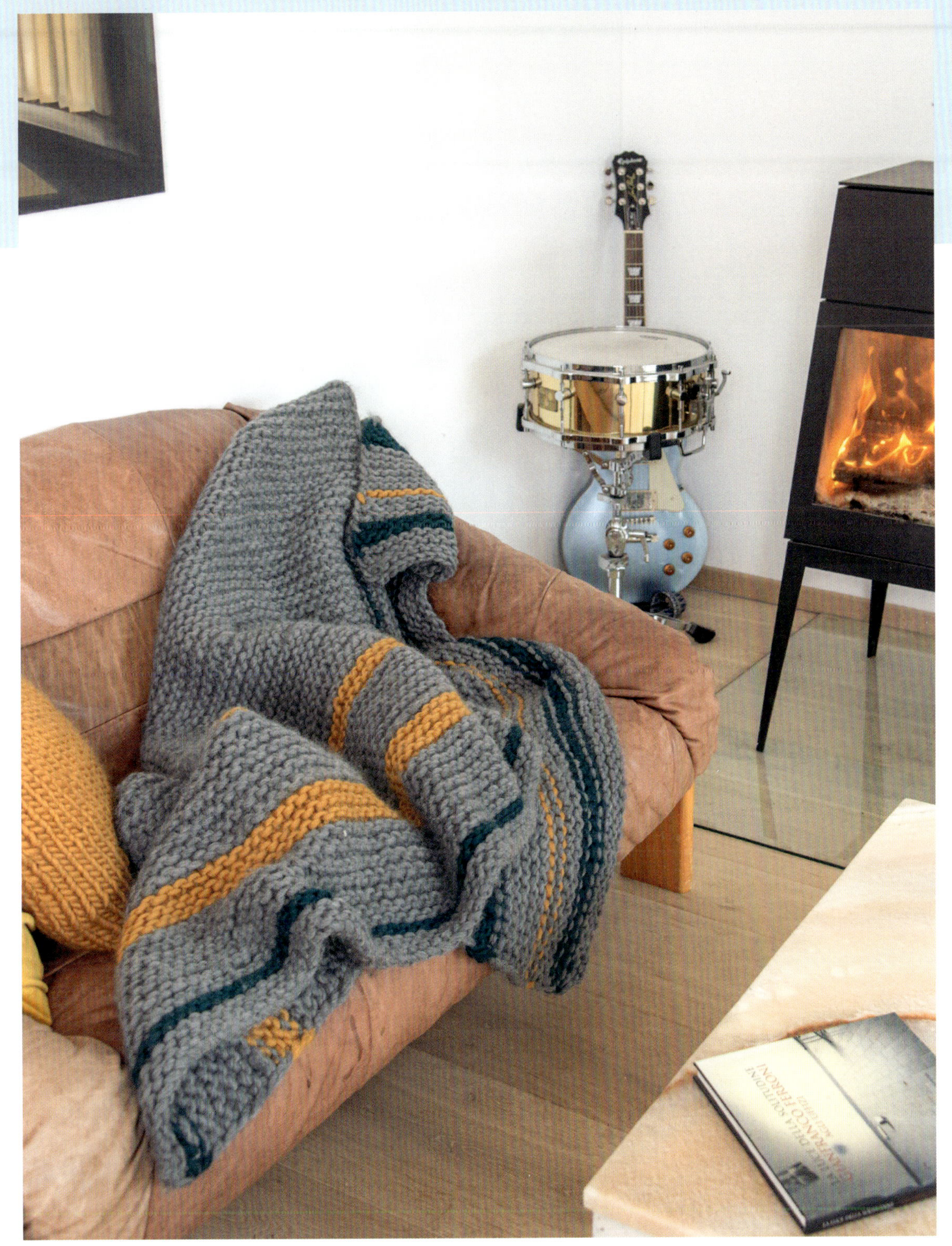

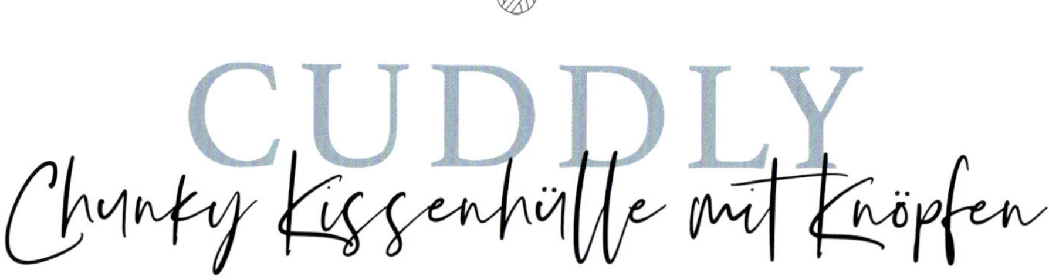

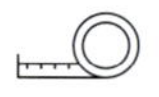

GRÖSSE

Breite: 42 cm
Länge: 42 cm

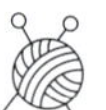

MATERIAL

- WE ARE KNITTERS THE WOOL (100 % Schafwolle, LL 80 m/200 g) in Ocker, 400 g
- Kissenfüllung/Inlett 40 x 40 cm
- Rundstrick-Nd: 15,0 mm (60 cm)
- 4 Knöpfe

GRUNDMUSTER

Glatt rechts in Rd
Jede Rd: Stets rechte M str.

TECHNIKEN

3-Nadel-Abketten

MASCHENPROBE

Glatt rechts mit Nd 15,0 mm
6 M und 9 R = 10 x 10 cm

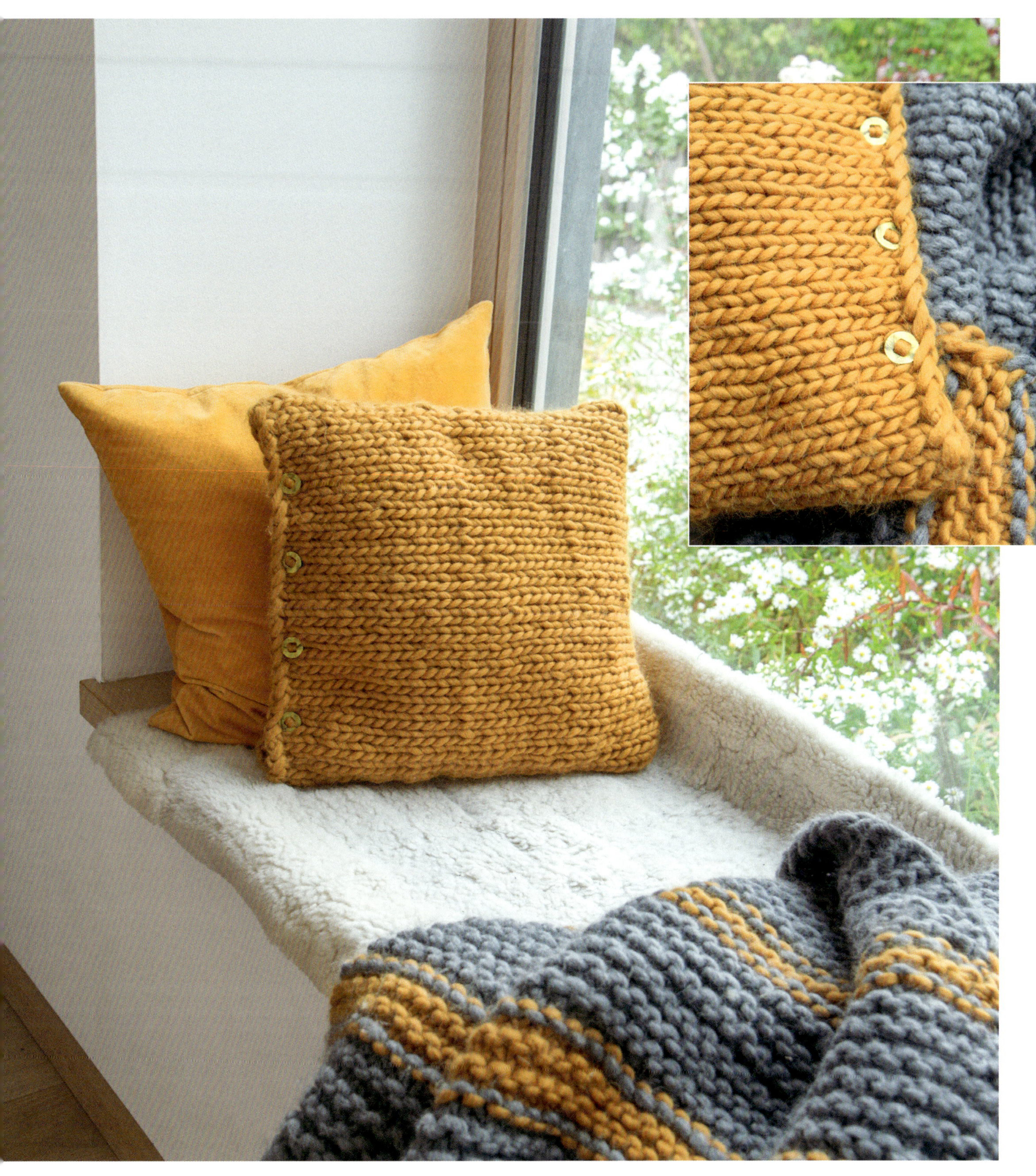

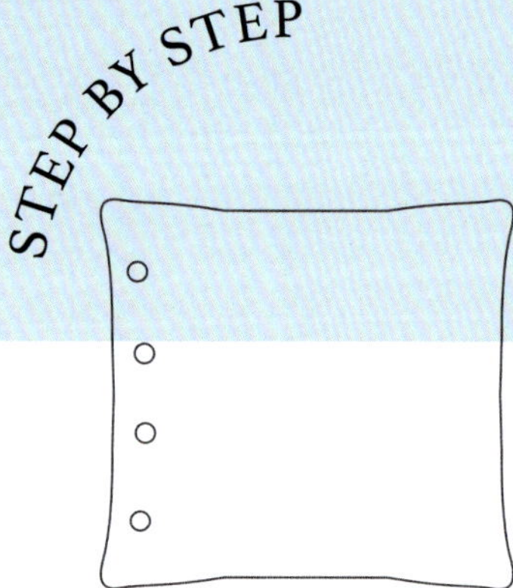

Mit der Rundstrick-Nd 15,0 mm (60 cm) 50 M locker anschl, zur Rd schließen, RAM setzen.

Str glatt rechts für 38 Rd, bis das Kissen 42 cm misst.

Nun die Vorder- und Rückseite der Kissenhülle gemeinsam abk. Dazu jeweils 19 M an die beiden Nd-Spitzen schieben und das Kissen auf links drehen, d. h. die Vorderseiten liegen aufeinander. Bei der 3-Nadel-Abketten-Technik hältst du die beiden Stricknadeln mit der Arbeit in der linken Hand und strickst mit einer 3. Nd die erste M beider Nd zus. Wdh diesen Schritt, wobei du auf der rechten Nd regulär durch Überziehen abk.

FERTIGSTELLUNG

Alle Fäden sauber vernähen.

Knöpfe annähen

Ich empfehle dir 4 Knöpfe zu verwenden. Lege das Kissen flach auf den Tisch und platziere alle 5 M einen MM. Sollte dir die Aufteilung gefallen, nähe die Knöpfe an der Stelle der MM an. Lege das Inlett in die Kissenhülle und knöpfe das Kissen an der Anschlagkante (durch die M auf der Gegenseite) zu.

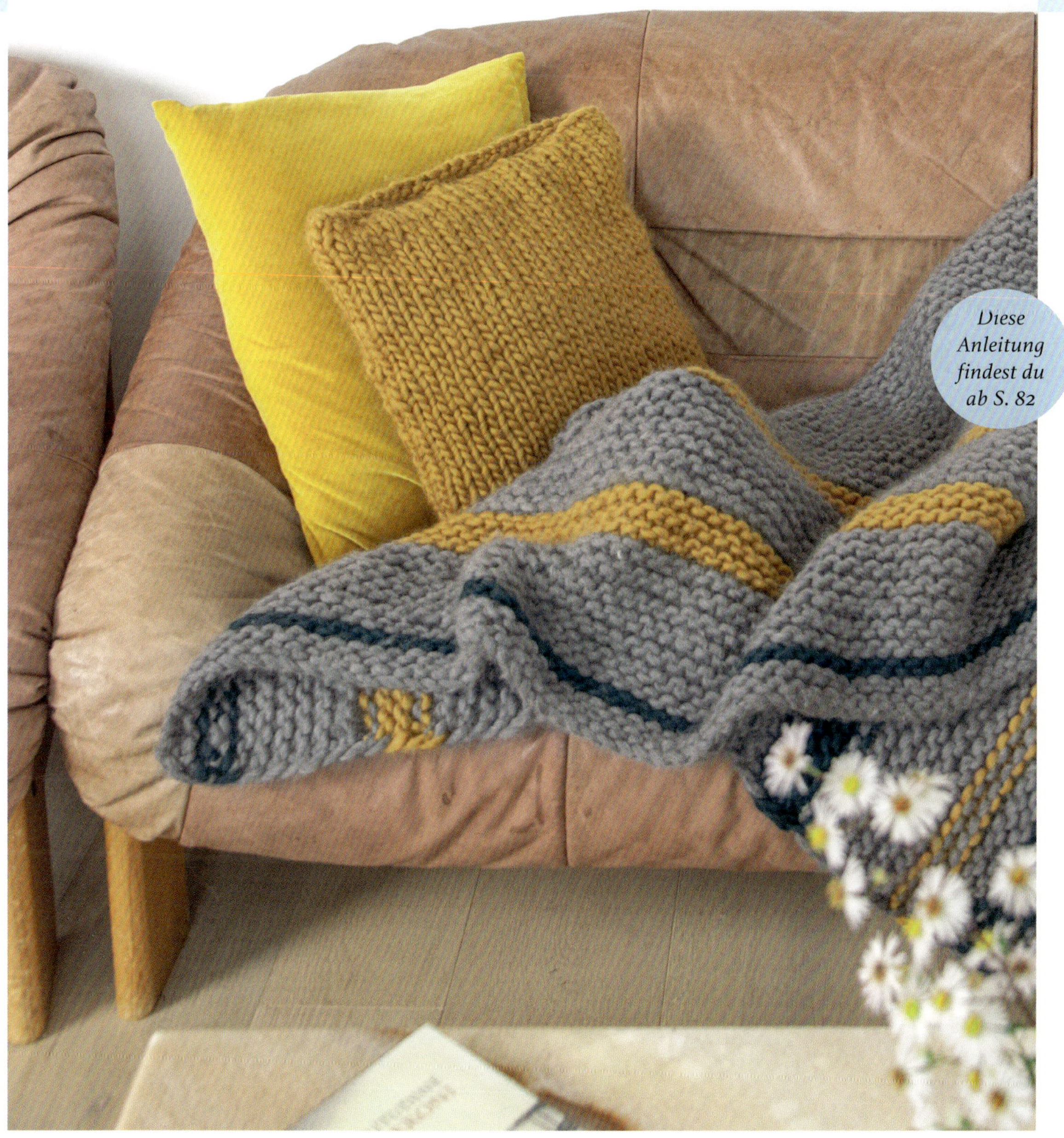

Diese Anleitung findest du ab S. 82

NEWBIE

Der einfachste Pullover der Welt

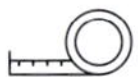

GRÖSSE

XXS, XS, S, M, L, XL, XXL

Brustumfang
70/78/86/96/116/132/148 cm

Länge
52/54/56/60/64/66/68 cm

Ärmelbreite
15,5/16/17/19/21/23/25 cm

SITZ

Regular bis oversized-fit mit geradem Schnitt, überschnittene Ärmel

MATERIAL

- SANDNES GARN DUO (55 % Merino Wolle, 45 % Baumwolle, LL 115 m/50 g) in Beige meliert (Fb 2650), 250/250/300/350/400/450/500 g zusammen mit
- SANDNES GARN TYNN LINE (53 % Baumwolle, 33 % Viskose, 14 % Leinen, LL 220 m/50 g) in Hellbeige meliert (Fb 2331), 150/150/200/200/250/250/250 g
- Stricknadeln 6,0 mm oder Rundstrick-Nd 6,0 mm (80 cm)
- Vernähnadel (optional Häkelnadel zum Zusnähen der Strickstücke)

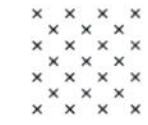

GRUNDMUSTER

Glatt rechts in R
Hin-R: Stets rechte M str.
Rück-R: Stets linke M str.

TECHNIKEN

Rechte und linke Maschen
Strickstücke zusnähen

MASCHENPROBE

Glatt rechts mit Nd 6,0 mm
15 M und 17 R = 10 x 10 cm

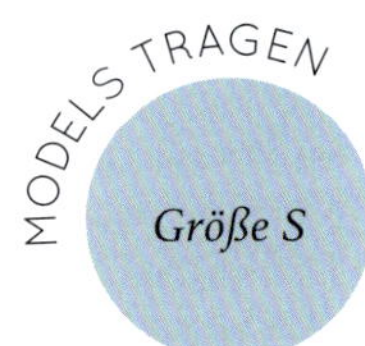

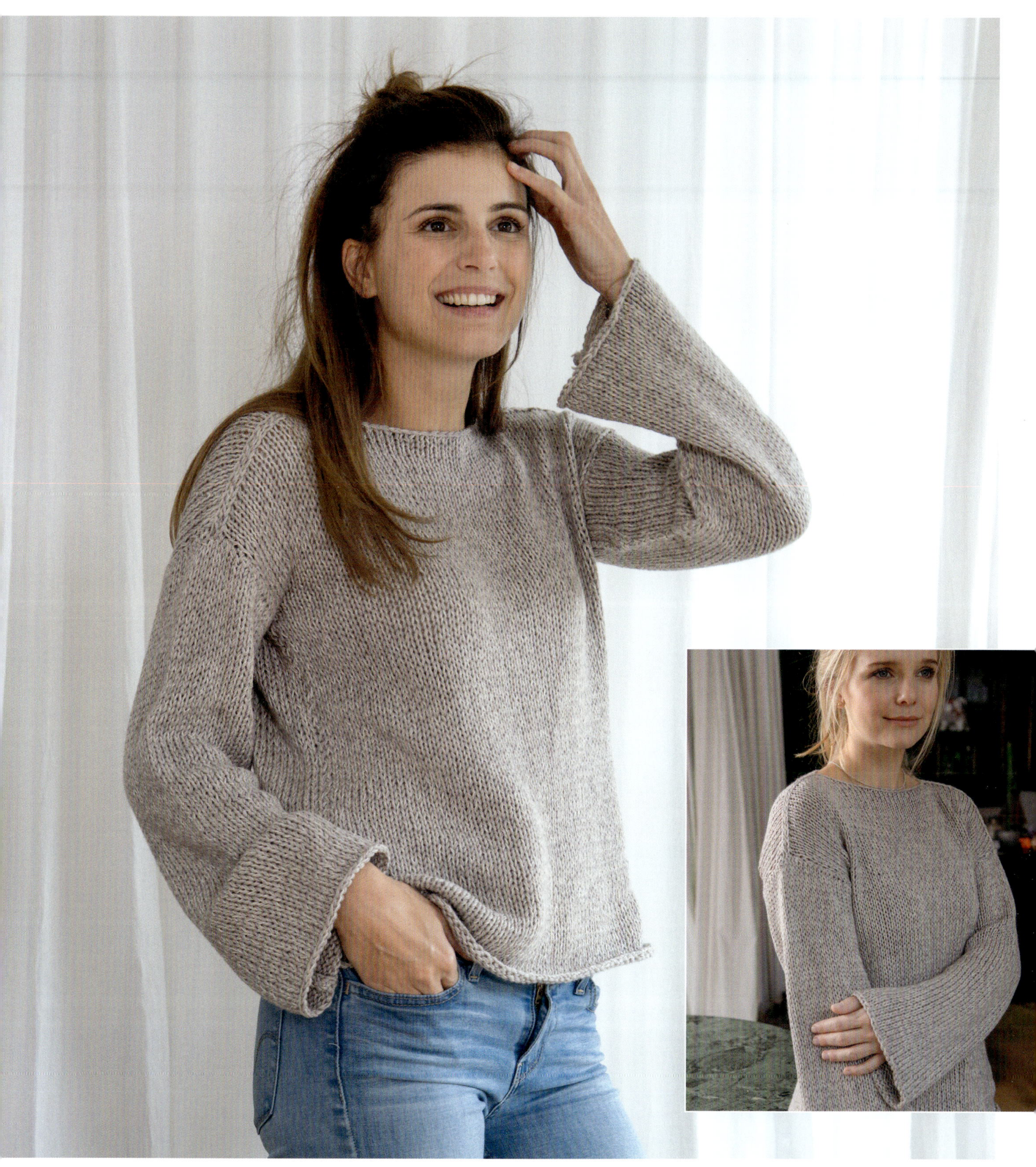

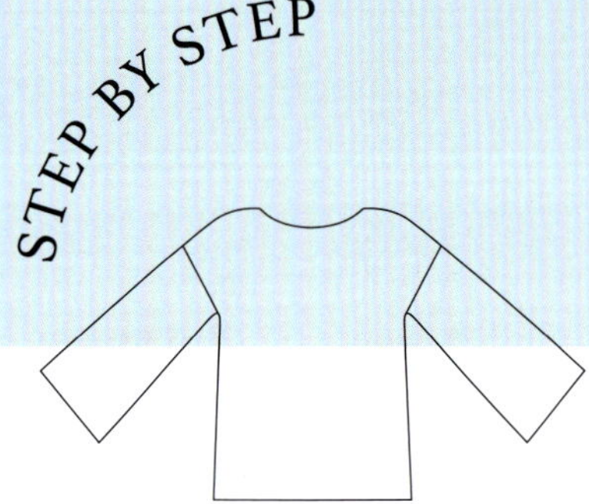

Für diesen Pullover das Vorder- und Rückteil sowie beide Ärmel separat als Rechtecke str und abschließend zusnähen. Dazu zunächst die Schulternaht zusnähen, dann die Ärmel annähen und zuletzt die Seiten vernähen. Das kannst du entweder mit einer Vernähnadel oder Häkelnadel machen.

RÜCKTEIL

Mit Strick-Nd 6,0 mm 52/58/65/72/87/99/111 M anschl.
Str glatt rechts in R, bis das Strickstück 52/54/56/60/64/66/68 cm misst.
Kette alle M ab.

VORDERTEIL

Str das Rückteil noch 1x.

ÄRMEL

Mit Strick-Nd 6,0 mm 46/48/50/56/64/68/74 M anschl.
Str glatt rechts in R, bis das Strickstück 38/40/43/45/48/50/50 cm misst.
Kette alle M ab.

ZUSAMMENNÄHEN

Lege das Rück- und Vorderteil mit der rechten Seite nach oben und so, dass sich die Abkettkanten berühren. Für die Schulternaht jeweils von außen beginnend 14/17/20/22/25/28/32 M zusammennähen. Somit verbleiben jeweils 24/24/25/28/37/43/47 M für die Halsöffnung. Die Ärmel mit der Anschlagkante mittig an der Schulternaht ausrichten, sodass rechts und links 23/24/25/28/32/34/37 M sind. Dann mit dem Vorder- bzw Rückteil zusnähen.

Abschließend die Seiten von Vorder- und Rückteil zusnähen.

FERTIGSTELLUNG

Alle losen Fäden sauber vernähen. Pullover blocken/spannen und in Form bringen. Dabei kannst du bei Bedarf noch kleine individuelle Anpassungen an gewünschte Länge und Breite vornehmen.

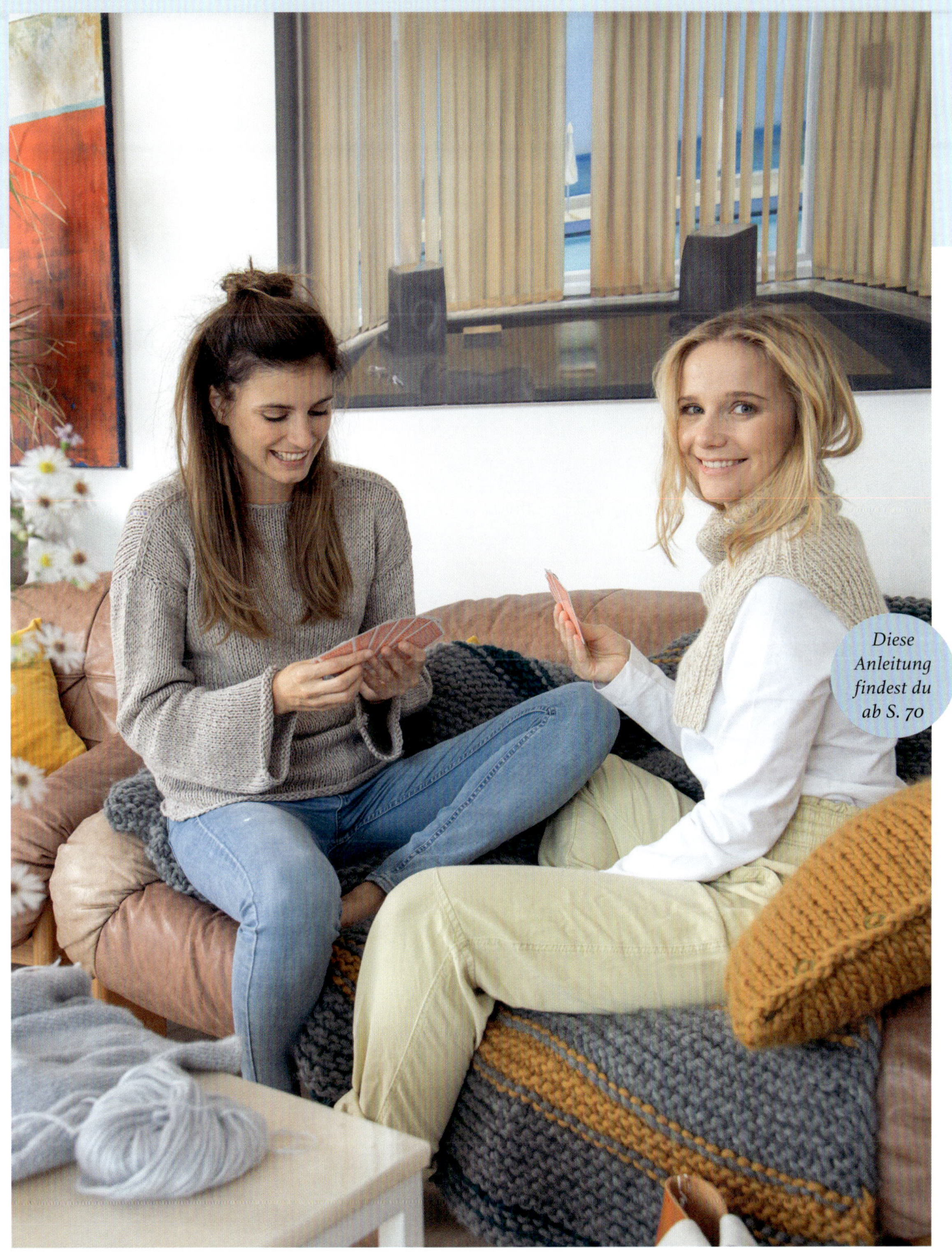

Diese Anleitung findest du ab S. 70

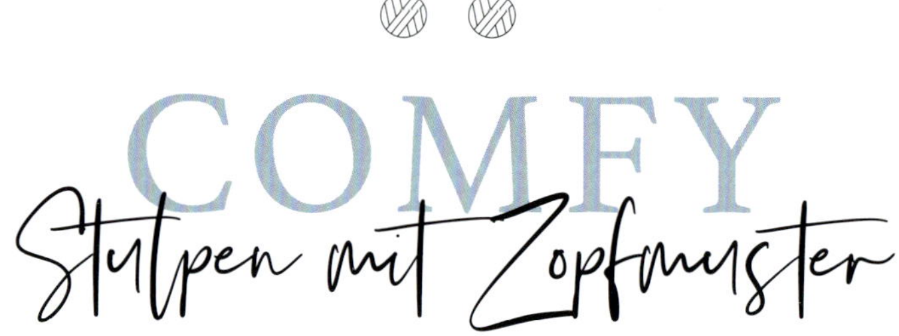

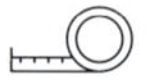

GRÖSSE

(XXS–S), (M–L), (XL–XXL)

Länge
47/50/52 cm
Breite
15,5/18/20 cm (elastisch)

SITZ

Lockerer Sitz mit solidem Halt durch Elastic-Faden

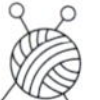

MATERIAL

- ROSY GREEN WOOL BIG MERINO HUG (100 % Organic Merino extra fine, LL 160 m/100 g) in Tea (Fb 117), 200/300/300 g
- PRYM Elastic-Nähfaden 0,5 mm (20 m) in Hellgrau
- Rundstricknadeln 5,0 mm (80 cm)
- optional 40-cm-Seil anstatt Magic-Loop-Methode
- Nd-Spiel 5,0 mm
- Maschenmarkierer
- Vernähnadel

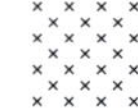

GRUNDMUSTER

Zopfmuster
siehe Strickschrift

1/1-Rippenmuster in Rd
* 1 M rechts, 1 M links, ab * stets wdh.

TECHNIKEN

Zopfmuster str
(Strickschrift auf S. 122)
Ggf. italienisch abk

MASCHENPROBE

Glatt rechts mit Nd 5,0 mm
18 M und 25 R = 10 x 10 cm

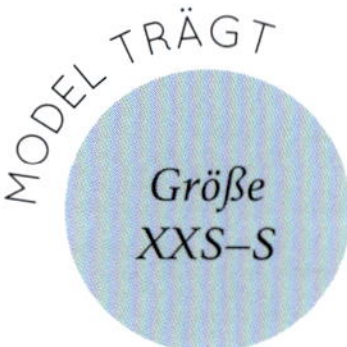

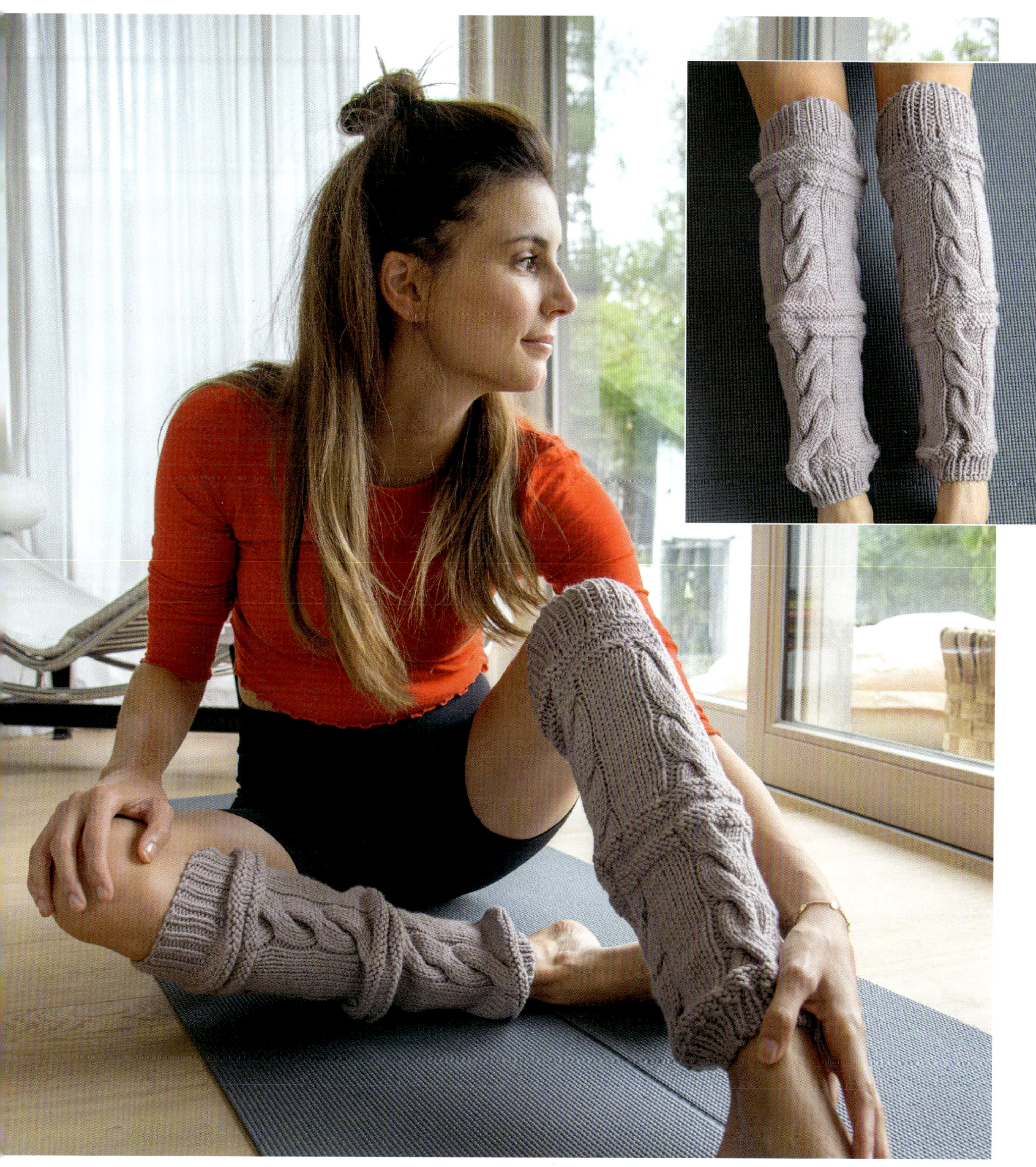

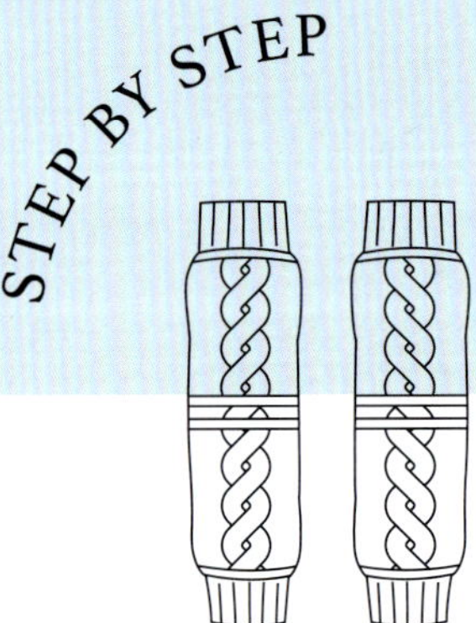

Die Stulpen in Rd str. Mit einem entweder als Zusatzgarn mitgestrickten oder abschließend eingenähten Elastic-Nähfaden verrutscht die Stulpe nicht und hält deine Waden warm. Darüber hinaus kannst du sie so auch gut zu deinen Boots stylen.

BÜNDCHEN

Mit der Rundstrick-Nd oder Nd-Spiel 5,0 mm (80 cm) 50/58/66 M anschl und zur Rd schließen, RAM setzen. In der nächsten Rd den Elastic-Nähfaden als Beilaufgarn eine Rd mitstr oder am Ende einnähen – funktioniert beides gleich gut.
Str 13 Rd im 1/1-Rippenmuster.
14. Rd: Str 2 M rechts, * M1R, str 4 M rechts, ab * wdh bis Rd-Ende = 62/72/82 M.
15.–17. Rd: Str alle M rechts.
18.–19. Rd: Str alle M links.
Str 15.–19. Rd noch 1x.

ZOPFMUSTER

Größe (XXS–S)

** Set-up: 1.–5. Rd: Str * 1 M links, 10 M rechts, 1 M links, 8 M rechts *, 2 M links, 10 M rechts, 2 M links, 8 M rechts, ab * noch 1x wdh.
HINWEIS: Die Zopfmuster werden über 10 M gestr.

Zopfen

6. Rd: 1 M links, 5 M auf Hilfs-Nd **vor** die Arbeit, 5 M rechts str, 5 M von Hilfs-Nd rechts str, 1 M links, 8 M rechts, 2 M links, 2 M auf Hilfs-Nd **hinter** die Arbeit, 3 M rechts str, 2 M von Hilfs-Nd rechts str, 3 M auf Hilfs-Nd **vor** die Arbeit, 2 M rechts, 3 M von Hilfs-Nd rechts str, 2 M links, 8 M rechts, 1 M links, 5 M auf Hilfs-Nd **hinter** die Arbeit, 5 M rechts str, 5 M von Hilfs-Nd rechts str, 1 M links, 8 M rechts.
7.–16. Rd: Str alle M, wie sie erscheinen (entspricht 1. Rd).
Str 6.–16. Rd noch 1x.
Str 6. Rd noch 1x.
Str 1.–5. Rd noch 1x.
Es wurde insgesamt 3x gezopft.
Str für 3 Rd alle M links.
Str für 3 Rd alle M rechts. **
Str für 3 Rd alle M links.
Ab ** noch 1x wdh.

Größe (M–L)

** Set-up: 1.–5. Rd: Str * 2 M links, 12 M rechts, 2 M links, 8 M rechts, ab * noch 2x wdh.
HINWEIS: Die Zopfmuster werden über 12 M gestr.

Zopfen

6. Rd: 2 M links, 6 M auf Hilfs-Nd **vor** Arbeit, 6 M rechts str, 6 M von Hilfs-Nd rechts str, 2 M links, 8 M rechts, 2 M links, 3 M auf Hilfs-Nd **hinter** Arbeit, 3 M rechts str, 3 M von Hilfs-Nd rechts str, 3 M auf Hilfs-Nd **vor** Arbeit, 3 M rechts, 3 M von Hilfs-Nd rechts str, 2 M links, 8 M rechts, 2 M links, 6 M auf Hilfs-Nd **hinter** Arbeit, 6 M rechts str, 6 M von Hilfs-Nd rechts str, 2 M links, 8 M rechts.
7.–16. Rd: Str alle M, wie sie erscheinen (entspricht 1. Rd)

Str 6.–16. Rd noch 1x.
Str 6. Rd noch 1x.
Str 1.–5. Rd noch 1x.
Es wurde insgesamt 3x gezopft.
Str für 3 Rd alle M links.
Str für 3 Rd alle M rechts.
Str für 3 Rd alle M links.**
Ab ** noch 1x wdh.
Str für 3 Rd alle M rechts.

Größe (XL–XXL)

** Set-up: 1.–5. Rd: Str * 1 M links, 10 M rechts, 1 M links, 8 M rechts, ab * noch 3x wdh, str 2 M links.
HINWEIS: Die Zopfmuster werden über 10 M gestr.

Zopfen

6. Rd: 1 M links, 5 M auf Hilfs-Nd **vor** die Arbeit, 5 M rechts str, 5 M von Hilfs-Nd rechts str, 1 M links, 8 M rechts, * 1 M links, 2 M auf Hilfs-Nd **hinter** die Arbeit, 3 M rechts str, 2 M von Hilfs-Nd rechts str, 3 M auf Hilfs-Nd **vor** die Arbeit, 2 M rechts, 3 M von Hilfs-Nd rechts str, 1 M links, 8 M rechts *, 1 M links, 5 M auf Hilfs-Nd **hinter** die Arbeit, 5 M rechts str, 5 M von Hilfs-Nd rechts str, 1 M links, 8 M rechts, ab * noch 1x wdh, 2 M links.
7.–16. Rd: Str alle M, wie sie erscheinen (entspricht 1. Rd)
Str 6.–16. Rd noch 1x.
Str 6. Rd noch 1x.
Str 1.–5. Rd noch 1x.
Es wurde insgesamt 3x gezopft.
Str für 3 Rd alle M links.
Str für 3 Rd alle M rechts.
Str für 3 Rd alle M links.**
Ab ** noch 1x wdh.
Str für 3 Rd alle M rechts.

BÜNDCHEN

Abnahmen

Größe (XXS – S)

* 1 M rechts, str 2 M links zus, ab * wdh bis 2 M vor Rd-Ende, 1 M rechts, 1 M links = 42 M.

Größe (M – L):

* 1 M rechts, str 2 M links zus, ab * wdh bis Rd-Ende = 48 M.

Größe (XL – XXL):

* 1 M rechts, str 2 M links zus, ab * wdh bis 4 M vor Rd-Ende, 1 M rechts, 3 M links zus = 54 M.

Alle Größen

Str 6/9/13 Rd in 1/1-Rippenmuster, wobei du in der 6./9./13. Rd den Elastic-Nähfaden mitstricken kannst.
Italienisch oder elastisch abk.

FERTIGSTELLUNG

Alle losen Fäden sauber vernähen. Stulpen blocken/spannen und in Form bringen. Das Zopfmuster entspannt sich dadurch und wird besser sichtbar.

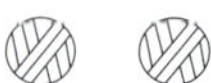

SIMPLY
Tank-Top mit hochgeschlossenem Halsausschnitt

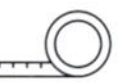

GRÖSSE
XXS, XS, S, M, L, XL, XXL

Brustumfang
70/74/79/85/95/103/113 cm
Länge
45/45/49/51/54/57/62 cm
Armausschnitt
23/23/25/25/27/29/31 cm

SITZ
Slim fit

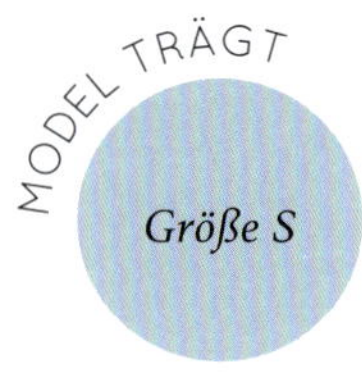

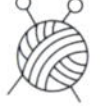

MATERIAL
- LANA GROSSA SUPERBINGO (100 % Schurwolle Merino extrafine, LL 55 m/50 g) in Weiß (Fb 49), 150/200/200/250/300/350/400 g
- Rundstrick-Nd 6,0 mm (60 cm)
- Maschenmarkierer
- Vernähnadel

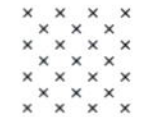

GRUNDMUSTER
Glatt rechts in R
Hin-R: Stets rechte M str.
Rück-R: Stets linke M str.

Glatt rechts in Rd
Stets rechte M str.

Randmasche
Erste M abheben mit Faden vor der Arbeit, letzte M rechts str.

TECHNIKEN
Verkürzte Reihen

MASCHENPROBE
Glatt rechts mit Nd 6,0 mm
12 M und 19 R = 10 x 10 cm

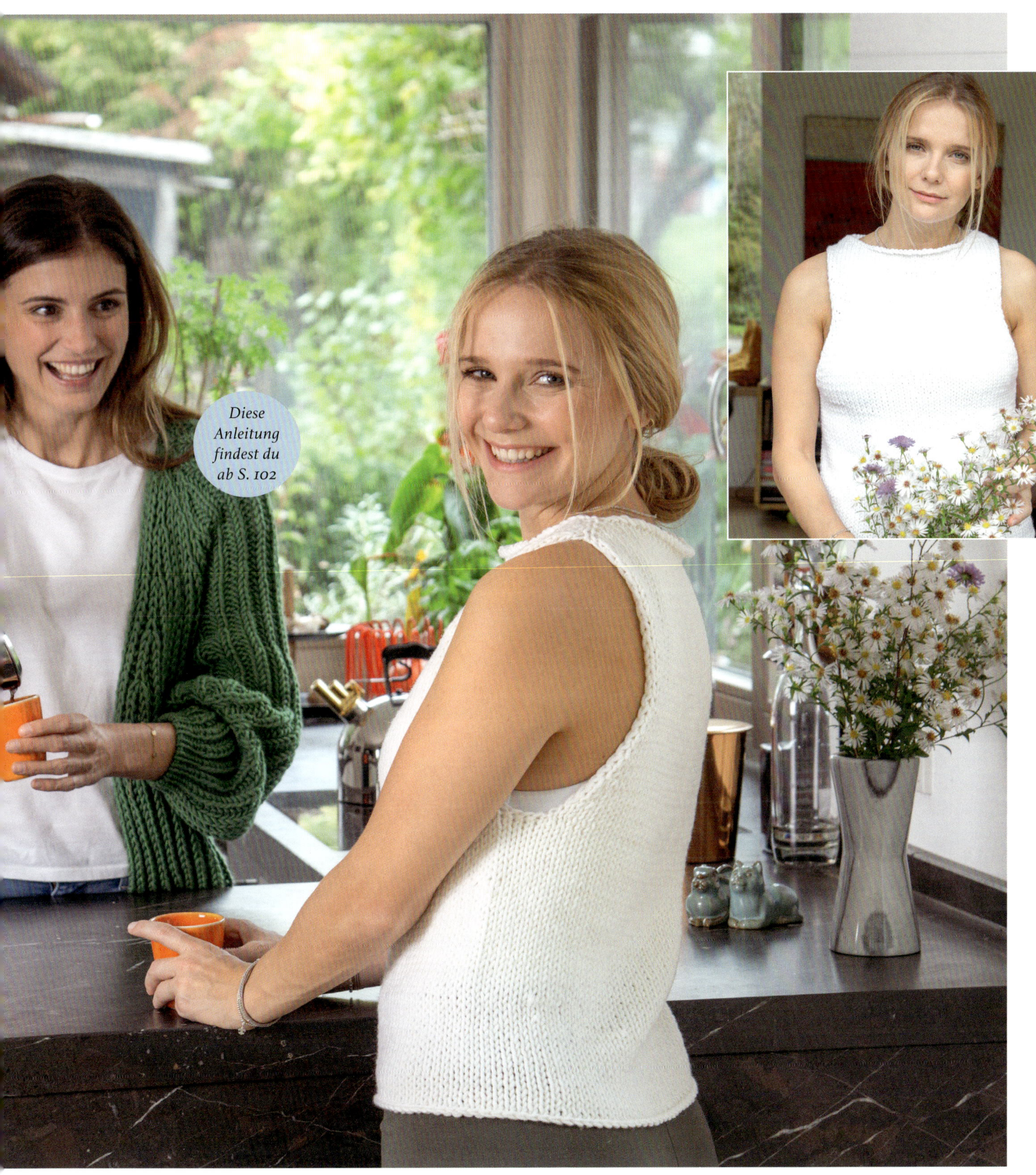

Diese Anleitung findest du ab S. 102

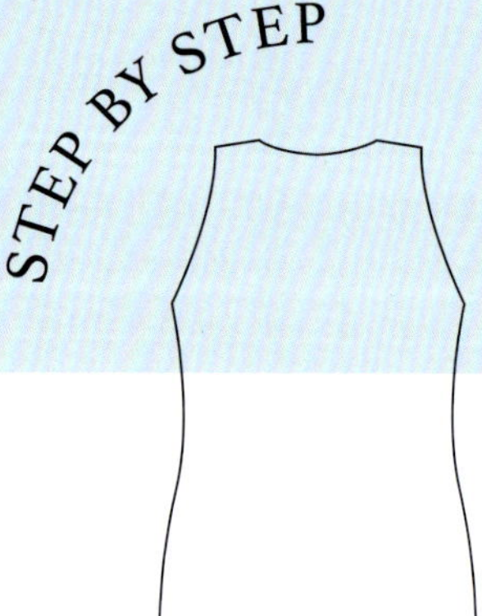

Das Top von oben nach unten in Rd str. Die Schulter-Zunahmen während der verkürzten R str. Anschließend Vorder- und Rückteil separat weiterstr, um den Armausschnitt zu formen, danach beide Teile verbinden und den Körper in Rd bis zur gewünschten Länge str.

HALSAUSSCHNITT

Mit der Rundstrick-Nd 6,0 mm (60 cm) 66/70/70/74/74/78/82 M anschl, zur Rd schließen, RAM setzen. Der Rd-Anfang befindet sich in der Mitte des Rückteils.
1. Rd: Str alle M rechts.

Verkürzte Reihen und Zunahmen

Zunahmen jeweils rechts und links neben der Schulter-M str. Platziere die MM für die Zunahmen und Wende-M der verkürzten R wie folgt: Beginnend ab RAM, MM1 nach 15/16/16/17/17/18/19 M des rechten Rückteils, MM2 nach 35/37/37/39/39/41/43 M.

1. R (Hin-R): Str alle M rechts bis MM1, M1R, MM abh, 1 M rechts, M1L, 2 M rechts, Arbeit wenden = 68/72/72/76/76/80/84 M.
2. R (Rück-R): VRM, str alle M links bis MM, M1L-links, MM abh, 1 M links, M1R-links, 1 M links, Arbeit wenden = 70/74/74/78/78/82/86 M.
3. R (Hin-R): VRM, str alle M rechts bis RAM.
Str 1.–3. R insgesamt 3/3/3/4/5/5/6 x, wobei du immer 2 weitere M nach der VRM strickst = 78/82/82/90/94/98/106 M.
Str 1 Rd alle M rechts inklusive VRM.
Garn abschneiden.
Lege das Vorderteil mit 40/42/42/46/48/50/54 M still.

RÜCKTEIL

Das Rückteil setzt sich aus 36/38/38/42/44/46/50 M und 2 Schulter-M zusammen = 38/40/40/44/46/48/52 M. Schlinge in Hin-R neues Garn an.
Str 11 R glatt rechts mit RM.
12. Rd: RM, 1 M rechts, str 2 M linksgen zus, str alle M rechts bis 4 M vor Ende, str 2 M rechtsgen zus, 1 M rechts, RM = 36/38/38/42/44/46/50 M.
13.–15. R: Str glatt rechts mit RM.
Str 12.–15. R insgesamt 4 x = 30/32/32/36/38/40/44 M.

Zunahmen für Armausschnitt

1. R: RM, 1 M rechts, M1L, str alle M rechts bis 2 M vor Ende, M1R, 1 M rechts, RM = 32/34/34/38/40/42/46 M.
2.–4. R: Str glatt rechts mit RM.
Str 1.–4. R insgesamt 4/4/5/5/7/8/9 x = 38/40/42/46/52/56/62 M. Lege die Rückteil-M still.

VORDERTEIL

Schlinge neues Garn an. Str das Vorderteil analog zum Rückteil = 40/42/44/48/54/58/64 M nach den Zunahmen für den Armausschnitt. Garn nicht abschneiden.

KÖRPER

Str Vorderteil-M rechts, 3/3/4/4/4/5/5 M neu anschl, str Rückteil M rechts, 3/3/4/4/4/5/5 M neu anschl, RAM setzen = 84/88/94/102/114/124/136 M.
Str glatt rechts für 22/23/24/36/37/38/30 cm oder entsprechend deiner gewünschten Maße.
Alle M abk.

FERTIGSTELLUNG

Alle losen Fäden sauber vernähen. Top blocken/spannen und in Form bringen. Dabei kannst du bei Bedarf noch kleine individuelle Anpassungen an gewünschte Länge und Breite vornehmen.

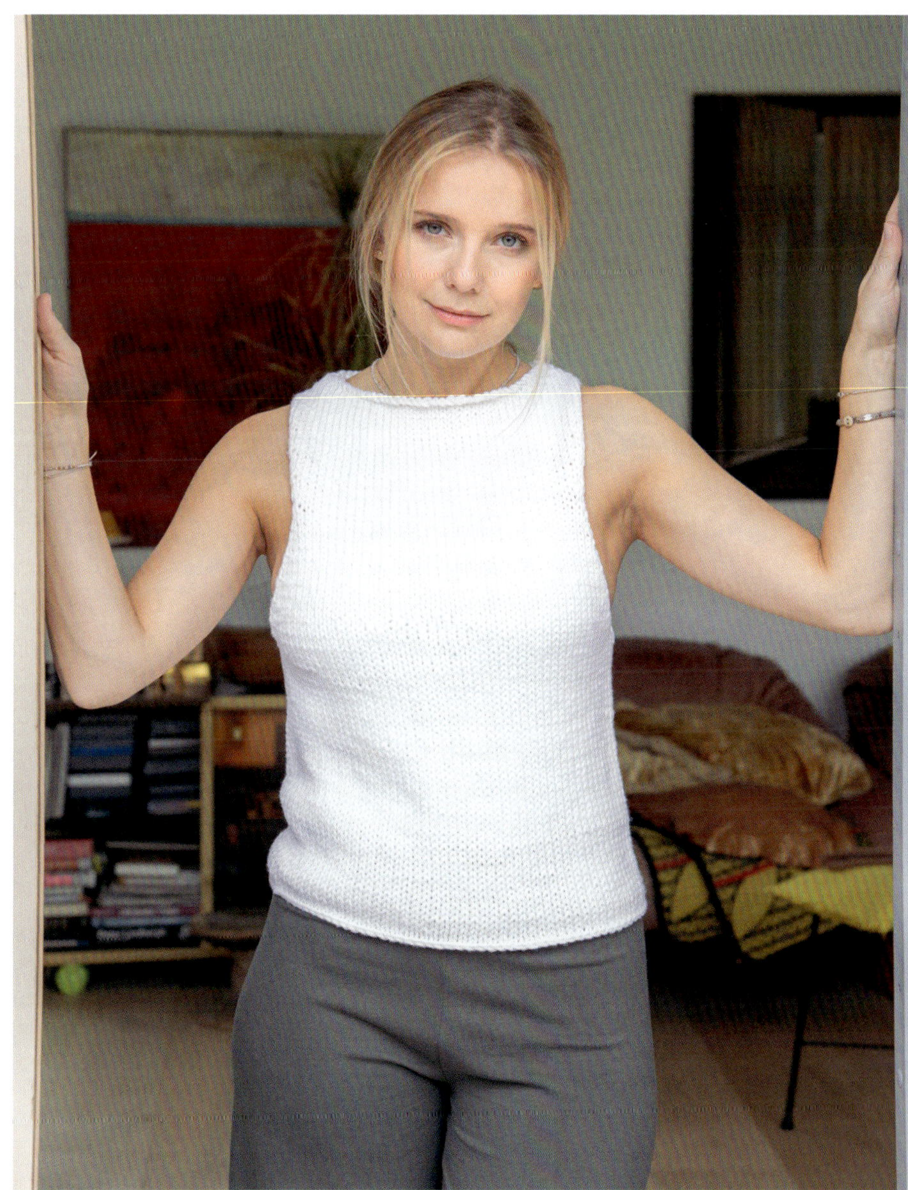

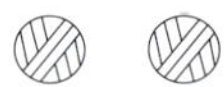

NIFTY

Lockerer Cardigan mit betonten Abnahmen und Zunahmen

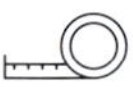

GRÖSSE

XXS, XS, S, M, L, XL, XXL

Brustumfang
97/106/110/126/137/146 cm
Länge
47/52/56/64/68/73/77 cm
Ärmelbreite
15/16/17/19/21/23/25 cm

SITZ

Oversized fit

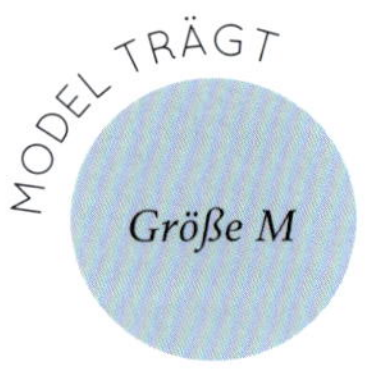

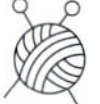

MATERIAL

- LANA GROSSA SUPER-BINGO (100 % Schurwolle Merino extrafine, LL 55 m/50 g) in Grün (Fb 83), 750/750/800/850/900/950/1000 g
- Rundstrick-Nd 7,0 mm (80 cm)
- Strick-Nd 5,0 mm
- Maschenmarkierer
- Vernähnadel

TECHNIKEN

Patent-Zunahmen
Patent-Abnahmen
Italienisch abketten

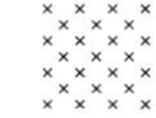

GRUNDMUSTER

Vollpatent in R
Set-Up R: * 1 M U abh, 1 M rechts, ab * wdh bis R-Ende.

Alle weiteren R
* 1 M U abh, DM rechts, ab * wdh bis R-Ende.

Randmasche
Erste M abh mit Faden vor der Arbeit und letzte M rechts str.

Besondere Abkürzungen
VP: Vollpatent
P-Zun: Patent-Zunahme
P-Abn: Patent-Abnahme

MASCHENPROBE

Vollpatent mit Nd 7,0 mm
9 M und 26 R = 10 x 10 cm
HINWEIS: Im klassischen Patentmuster erscheinen 2 R wie 1 R.

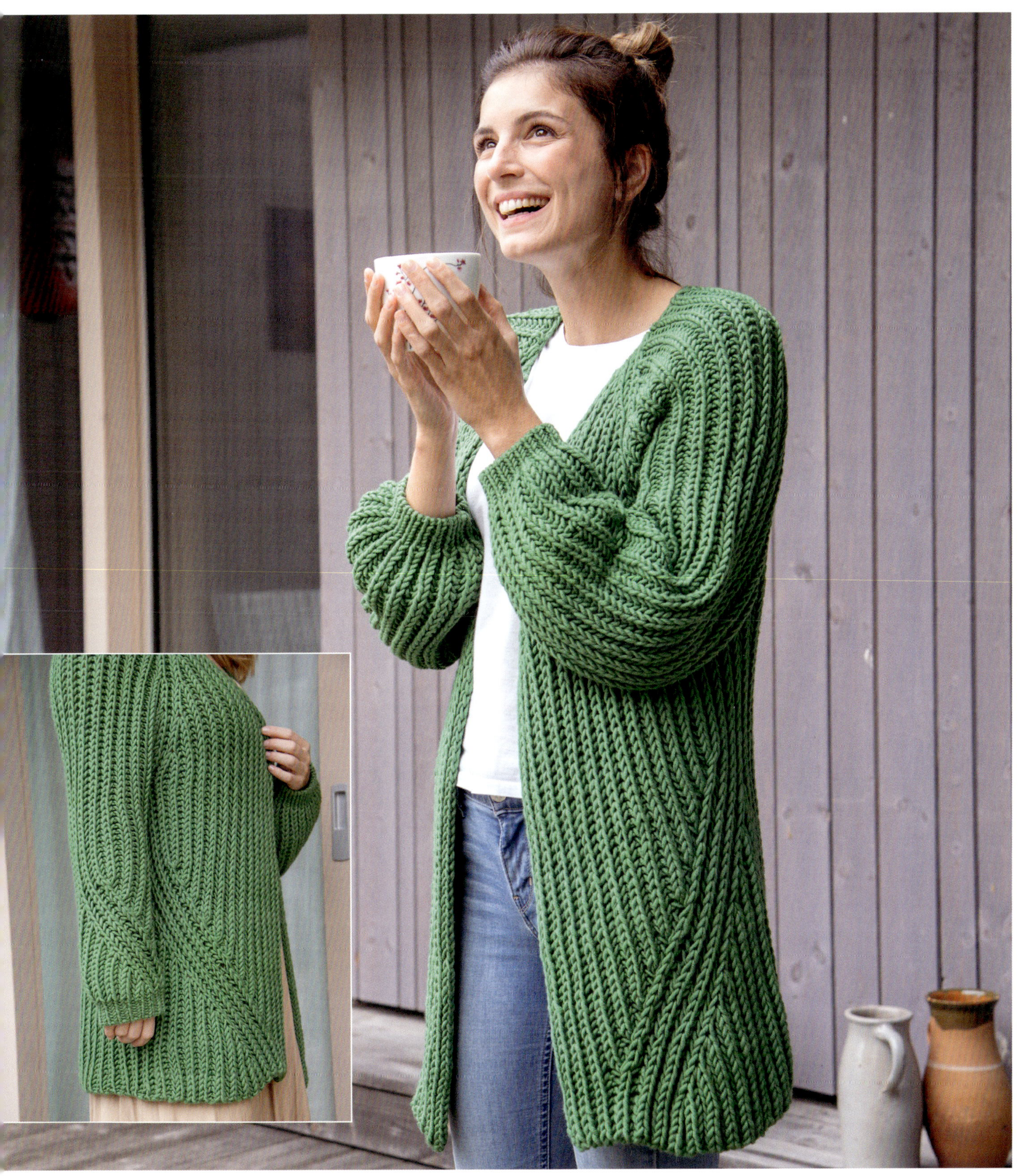

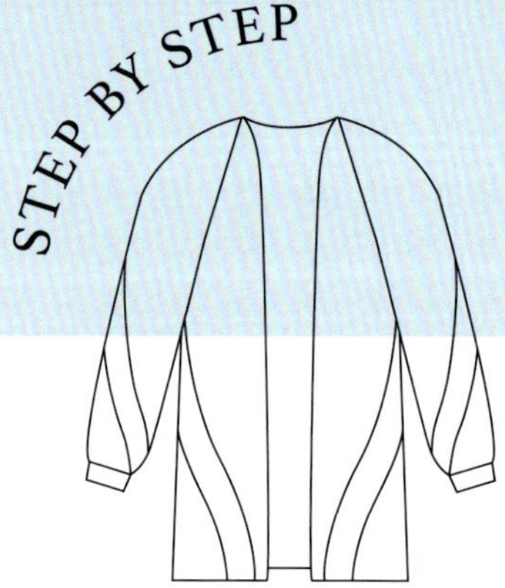

Den Cardigan von oben nach unten str. Durch Patent-Zunahmen einen V-Ausschnitt und die Raglan-Schrägen kreieren. Sowohl den Körper als auch die Ärmel in R str, sodass kein Übergang des Patentmusters zu sehen ist. Die Ärmel abschließend unter dem Arm zusnähen.

PASSE

Mit der Rundstrick-Nd 7,0 mm (80 cm) 23/23/23/25/27/27/27 M mit italienischen M-Anschlag anschl. Die Anfangsschlaufe zählt als erste M und ist eine linke M. Der italienische M-Anschlag beginnt dann mit einer rechten Schlaufe.

HINWEIS: Sollte diese Technik zu kompliziert sein, kannst du die M auch normal anschl.

1. R (Set-up M-Anschlag): * Str 1 M rechts durch das hintere M-Glied, 1 M wie zum Linksstricken abh mit Faden vor Arbeit, ab * wdh bis 1 M vor R-Ende, * str 1 M rechts durch das hintere M-Glied.

2. R (Set-up M-Anschlag): * 1 M wie zum Linksstricken abh mit Faden vor Arbeit, str 1 M rechts, ab * wdh bis 1 M vor Ende, str 1 M rechts (RM).

3. R (Hin-R, Set-up Vollpatent): RM, * 1 M mit U abh, 1 M rechts, ab * wdh bis 2 M vor Ende, 1 M mit U abh, RM.

4. R: RM, * DM rechts, 1 M mit U abh, ab * wdh bis 2 M vor Ende, DM rechts, RM.

Raglan-Zunahmen

Eine Raglan-Schräge besteht aus 3 M (2 rechten und in der Mitte eine linke M). Da du jeweils eine Zunahme in die rechte DM rechts und links neben der linken M str, empfehle ich dir den MM in diese linke M einzuhängen. MM1 in die 4. M, MM2 in die 8. M, MM3 in die 18./18./18./20./22./22./22 M und MM4 in die 22./22./22./24./26./26./26. M.

1. R: RM, * VP bis 1 M vor MM, P-Zun, 1 M mit U abh, P-Zun, ab * wdh bis 2 M vor Ende, 1 M mit U abh, RM = 39/39/39/41/43/43/43 M.

2. R: Str im Vollpatent mit RM, wobei das Patentmuster bei den Zunahmen der 1. R neu aufgebaut werden muss. D.h. hier ist die rechte M noch ohne Umschlag, daher diese M rechts str.

3.–4. R: Str Vollpatent mit RM.

Str 1.–4. R insgesamt 3/2/3/3/4/3/4 x = 71/55/71/73/91/75/91 M.

V-Ausschnitt Zunahmen

1. R: RM, 3 M VP, P-Zun, * VP bis 1 M vor MM, P-Zun, 1 M mit U abh, P-Zun, ab * wdh bis 5 M vor Ende, P-Zun, 3 M VP, RM.

2.–10. R: Str Vollpatent mit RM.

Str 1.–10. R insgesamt 3/4/4/5/5/6/6 x = 131/135/151/173/191/195/211 M.

KÖRPER

Vorderteile und Rückteil miteinander verbinden und die Ärmel-M stilllegen. Dabei die M unter dem Arm neu anschl und die 4 x 3 Raglan-M zum Körper hinzufügen.
Str Vorderteil-M im VP, str 3 Raglan-M im VP, Ärmel-M stilllegen, 3/5/3/3/3/5/5 neue M anschl, str 3 Raglan-M im VP, str Rückteil-M im VP, str 3 Raglan-M im VP, Ärmel-M stilllegen, 3/5/3/3/3/5/5 neue M anschl, str 3 Raglan-M im VP, str Vorderteil-M im VP = 87/95/99/113/123/131/139 M.
Str 28 R (erscheint wie 14 R) im VP, denk an die RM.

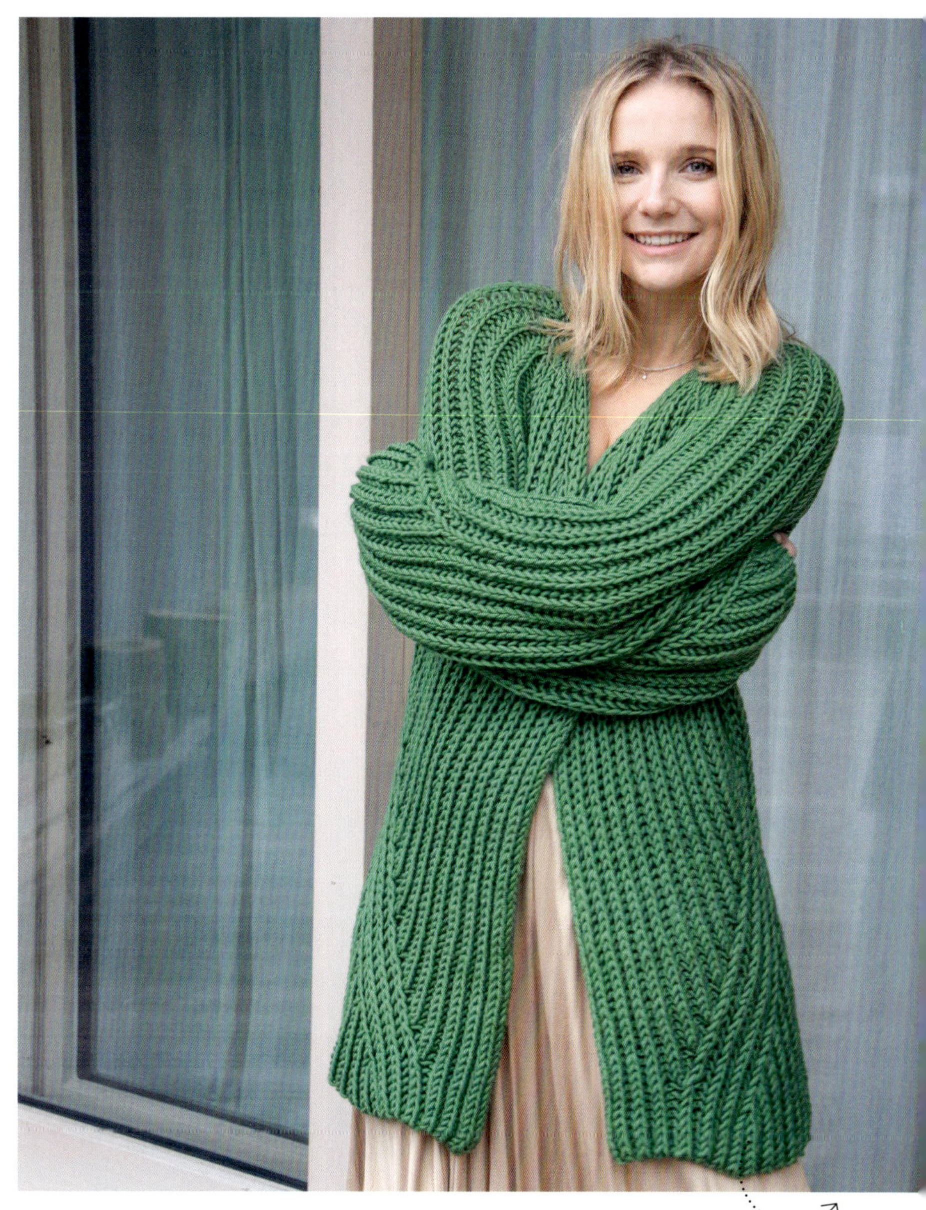

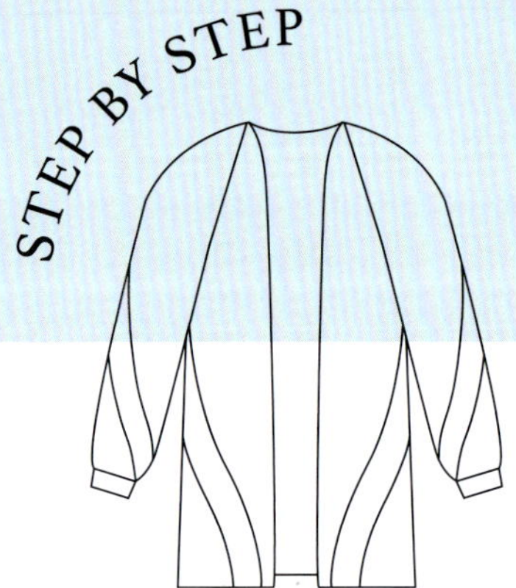

Betonte Abnahmen und Zunahmen

Die Maschenanzahl bleibt bis zum Abketten konstant, da gleich viele Zunahmen wie Abnahmen in einer Reihe gestrickt werden.

Platziere MM wie folgt und hänge sie dabei in die besagte linke M ein: MM in die 22./24./26./30./32./34./36. M, MM in die 26./28./30./34./36./40./42. M des linken und rechten Vorderteils (immer vom Rand her zählen).
1. R: RM, str VP bis 3 M vor MM, str rechtsgen P-Abn, str VP bis MM, str P-Zun, str VP bis MM, str P-Zun, str VP bis MM, str linksgen P-Abn, str VP bis 1 M vor Ende, RM.
2.–6. R: Str VP mit RM.
Str 1.–6. R insgesamt 6/7/8/10/11/12/13 x.
Str 5 cm im Vollpatent mit RM.
Alle M italienisch abk.

LINKER ÄRMEL

Beginne in der Mitte unter dem Arm und nimm 2/3/2/2/2/3/3 M aus der Anschlagkante auf, str die stillgelegten Ärmel-M im VP, nimm 1/2/1/1/1/2/2 M aus der Anschlagskante auf = 28/30/32/36/40/42/46 M.
HINWEIS: Du kannst die Ärmel auch in der Rd str, jedoch kann es dann passieren, dass das Muster etwas anders aussieht. Das liegt daran, dass in Rd meist lockerer gestrickt wird als in R.
Str im VP mit RM, bis der Ärmel 23 cm misst.

Betonte Abnahmen und Zunahmen

Hänge die MM in folgenden linke M ein: MM in die 14./16./16./18./20./22./22. M, MM in die 16./18./18./20./22./24./24. M.
1. R: Str VP bis 3 M vor MM, str rechtsgen P-Abn, str VP bis MM, str P-Zun, str VP bis 1 M vor Ende, RM.
2.–6. R: Str VP mit RM.
Str 1.–6. R insgesamt 6 x.

Bündchen

Wechsel auf Strick-Nd 5,0 mm.
Str 1/1-Rippenmuster für 9 R, wobei du in der ersten R die DM rechts und 1 M links im Wechsel strickst.
Alle M italienisch abk.

RECHTER ÄRMEL

Stricke den rechten Ärmel analog zum linken Ärmel bis zu den betonten Abnahmen und Zunahmen.

Betonte Abnahmen und Zunahmen

Hänge die MM in folgenden linke M ein: MM in die 16./18./18./20./22./24./24. M, MM in die 18./20./20./22./24./26./26. M.
1. R: Str VP bis 1 M vor MM, str P-Zun, str VP bis MM, str linksgen P-Abn, str VP bis 1 M vor Ende, RM.
2.–6. R: Str VP mit RM.
Str 1.–6. R insgesamt 6 x.

Bündchen

Analog zum linken Ärmel.

FERTIGSTELLUNG

Die Ärmelnähte mit Matratzenstich schließen. Alle losen Fäden sauber vernähen. Der Cardigan sollte aufgrund seiner Größe und des Gewichts besser zwischen zwei feuchten Tüchern und nicht nass geblockt/gespannt werden. Dabei kannst du trotzdem noch kleine individuelle Anpassungen an die gewünschte Länge und Breite vornehmen.

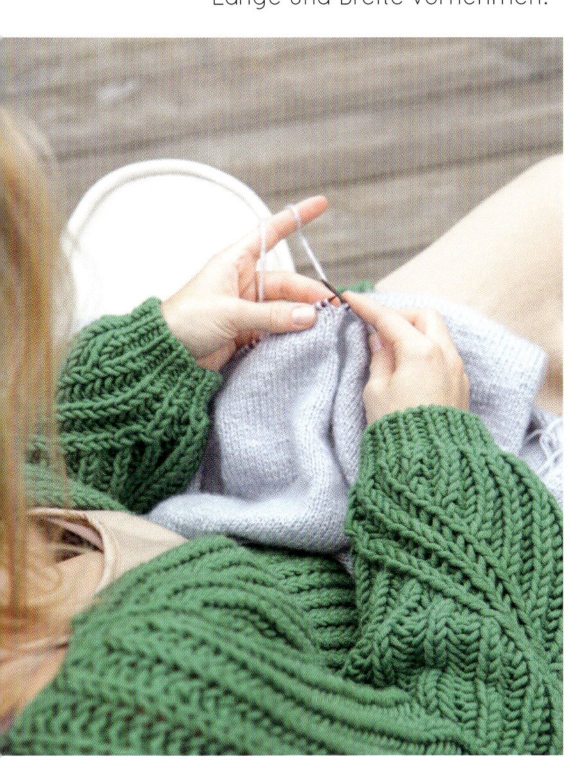

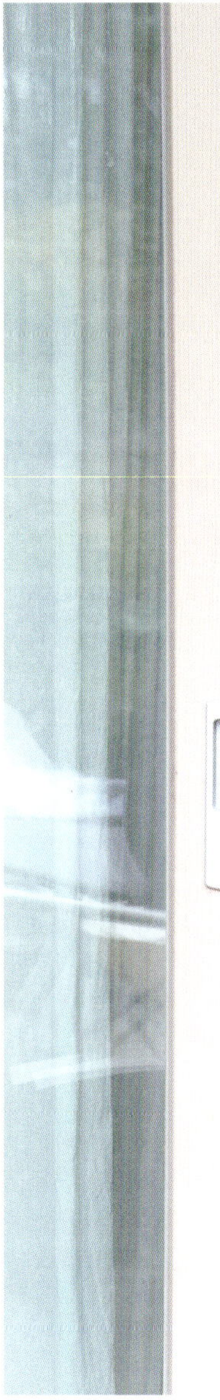

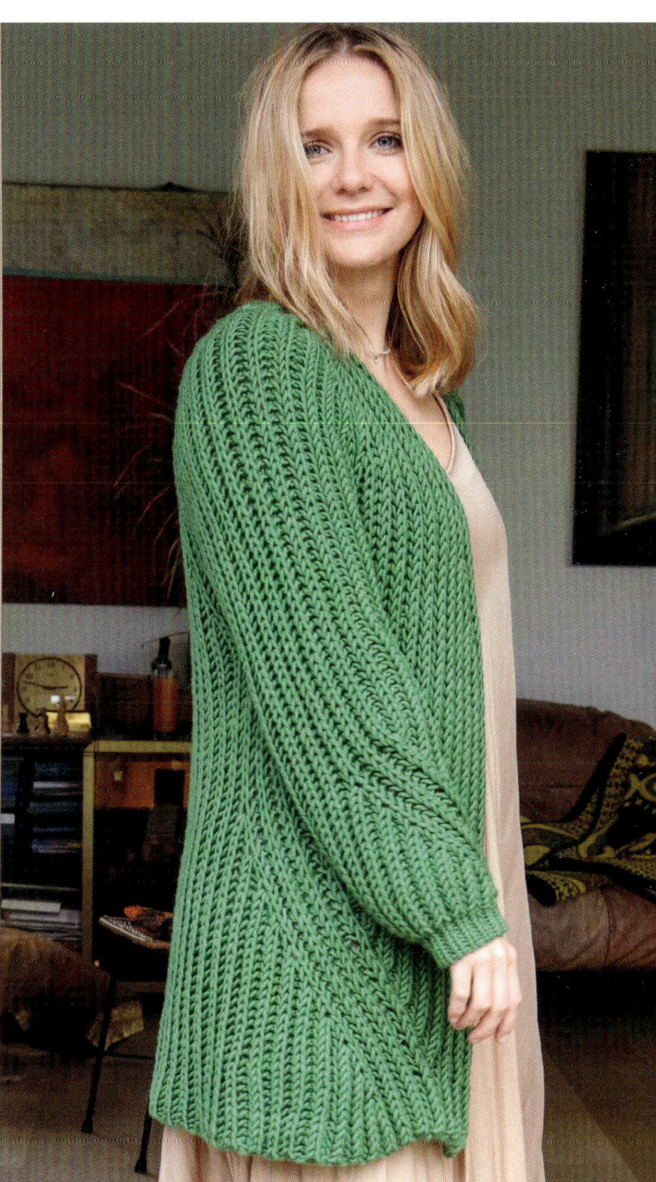

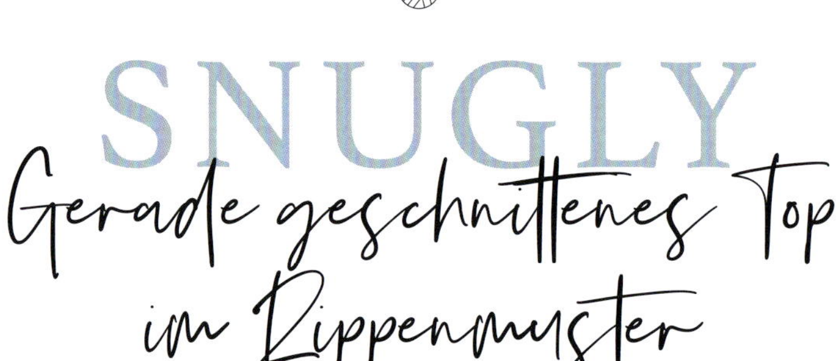

SNUGLY
Gerade geschnittenes Top im Rippenmuster

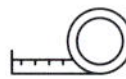

GRÖSSE
XXS, XS, S, M, L, XL, XXL

Brustumfang
62/67/72/77/82/87/92 cm
(elastisch)
Länge
21/24/29/35/40/46/51 cm

SITZ
Slim fit, Ausschnitttiefe individuell durch Träger einstellbar

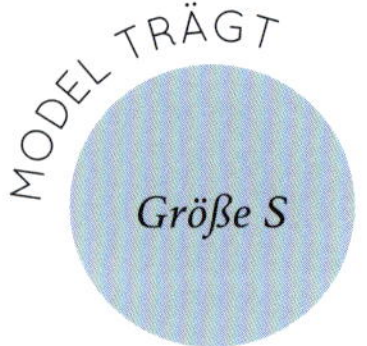

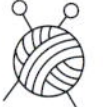

MATERIAL
- LANG YARNS NORMA (55 % Baumwolle, 35 % Modal, 10 % Viskose, LL 135 m/50 g) in Grège (Fb 26), 100/100/100/150/150/200/200 g
- Strick-Nd: 5,0 mm oder als Rundstrick-Nd (80 cm)
- Vernähnadel
- optional Häkel-Nd für Kordel als Träger

TECHNIKEN
Rechte und linke M
Rand-M abheben
Maschenstich
I-Cord-Kordel str oder häkeln

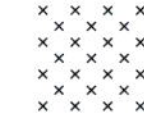

GRUNDMUSTER
2/2-Rippenmuster R
Hin-R: * Str 2 M rechts, str 2 M links, ab * stets wdh.
Rück-R: * Str 2 M rechts, str 2 M links, ab * stets wdh.

Randmasche
Erste M mit Faden vor der Arbeit abh, str letzte M rechts.

MASCHENPROBE
2/2-Rippenmuster mit Nd 5,0 mm
22 M und 30 R = 10 x 10 cm

Glatt rechts mit Nd 5 mm
20 M und 26 R = 10 x 10 cm
(dient lediglich als Referenz)

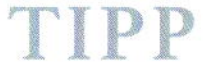

TIPP
Solltest du die M-Anzahl anpassen, um die Länge des Tops anzupassen, muss aus Symmetriegründen die M-Anzahl ein Vielfaches von 4 + 2 + 2 RM sein.

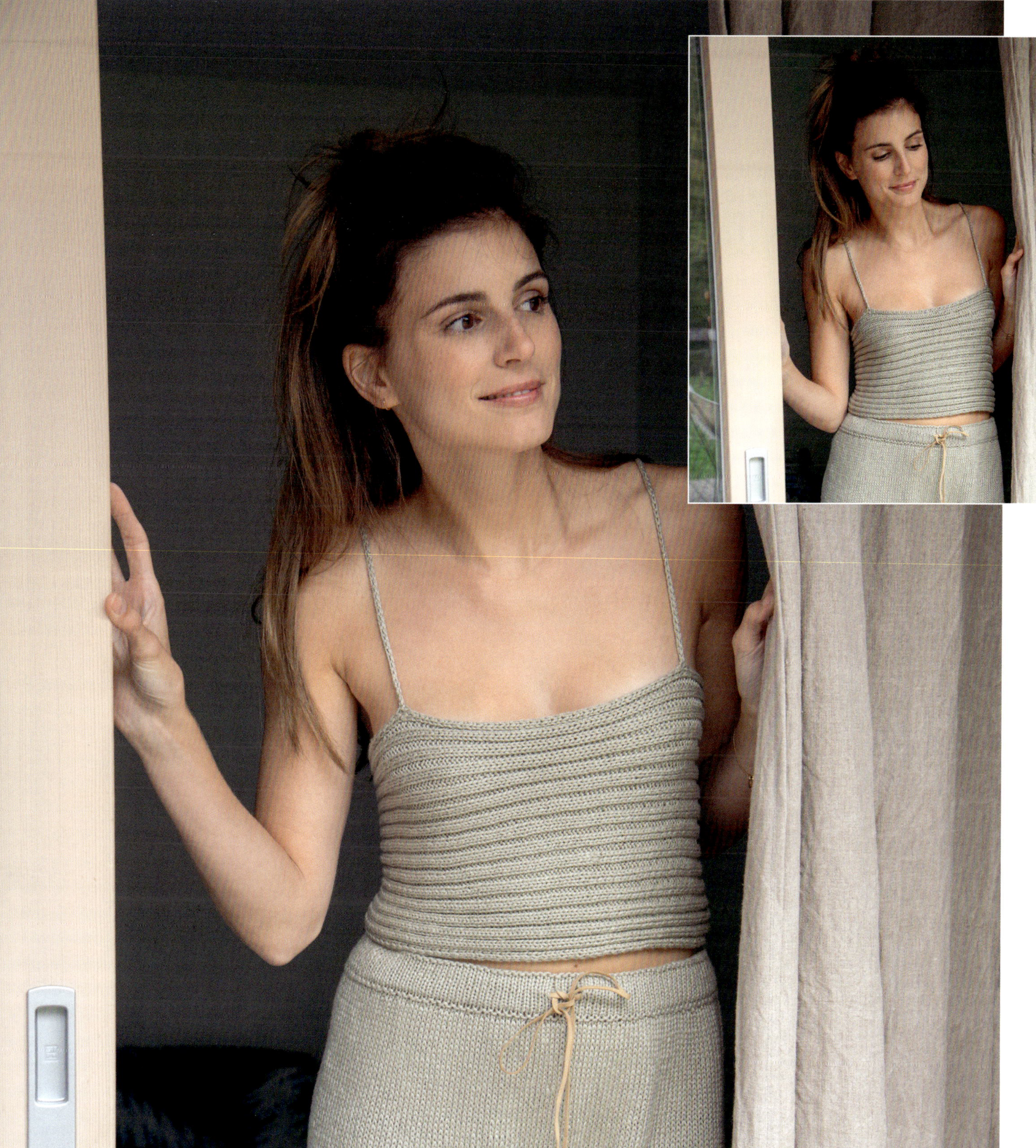

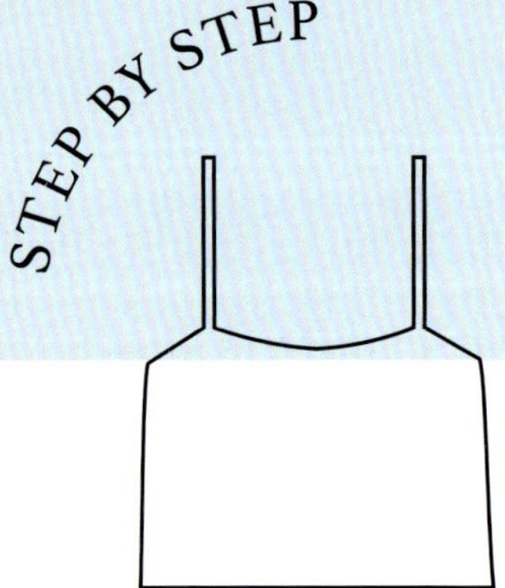

Das Top als Rechteck in R im 2/2-Rippenmuster quer str, sodass die Rippen als horizontale Streifen wirken. Somit gibt die angeschlagene M-Zahl die Länge des Tops vor und die gestr Länge den Umfang des Tops. Die Anschlagkante mit der Abkettkante im besten Fall mit dem unsichtbaren Maschenstich zusnähen. Abschließend die Träger annähen.

TIPP
Wasche das Top und die Träger, bevor du die Träger annähst.

TOP

Mit Strick-Nd 5,0 mm an der Seitenlinie beginnend 46/52/64/76/88/100/112 M anschl.

1. R (Hin-R): Str 1 M links (RM), * str 2 M rechts, str 2 M links, ab * bis 3 M vor Ende wdh, str 2 M rechts, RM.

2. R (Rück-R): RM, * str 2 M links, str 2 M rechts, ab * bis 3 M vor Ende wdh, str 2 M links, RM.

3. R: RM, * str 2 M rechts, str 2 M links, ab * bis 3 M vor Ende wdh, str 2 M rechts, RM.

Str 2.–3. R, bis das Strickstück 60/65/70/75/80/85/90 cm misst.

Option 1: Alle M abk. Seitennaht bzw. rückwärtige Naht im Maschenstich zusnähen.
Option 2: Alle M im Maschenstich abk, d. h. die M mit der Anschlagkante zusnähen.
Option 3: Alle M abk. Von links mit Überwendlingsstichen zusnähen. (Einfachste Option, aber sichtbare Naht.)

FERTIGSTELLUNG

Alle losen Fäden sauber vernähen. Top blocken/spannen und in Form bringen. Dabei kannst du bei Bedarf noch kleine individuelle Anpassungen an gewünschte Länge und Breite vornehmen.

TRÄGER

Str aus 3 M oder häkle eine I-Cord-Kordel, bis diese 34/36/38/40/42/44/46 cm lang ist. Zähle die gefertigten R und mache die zweite Kordel identisch. Du kannst selbst entscheiden, ob die „Naht“ mittig oder seitlich unter dem Arm sein soll. Dementsprechend solltest du die Position der Träger festlegen. Du kannst die Träger auch etwas länger machen und hinten über Kreuz annähen. Oder doppelt so lang stricken/häkeln und als Neckholder im Nacken binden.

HINWEIS: Wenn du das Top wäschst, werden die Träger automatisch etwas länger. Daher empfehle ich dir, zunächst das Top und die Träger zu waschen und als letztes die Träger anzunähen. So hast du einfacher die Möglichkeit, ein paar M der Träger zu öffnen und sie mit deiner gewünschten Länge anzunähen.

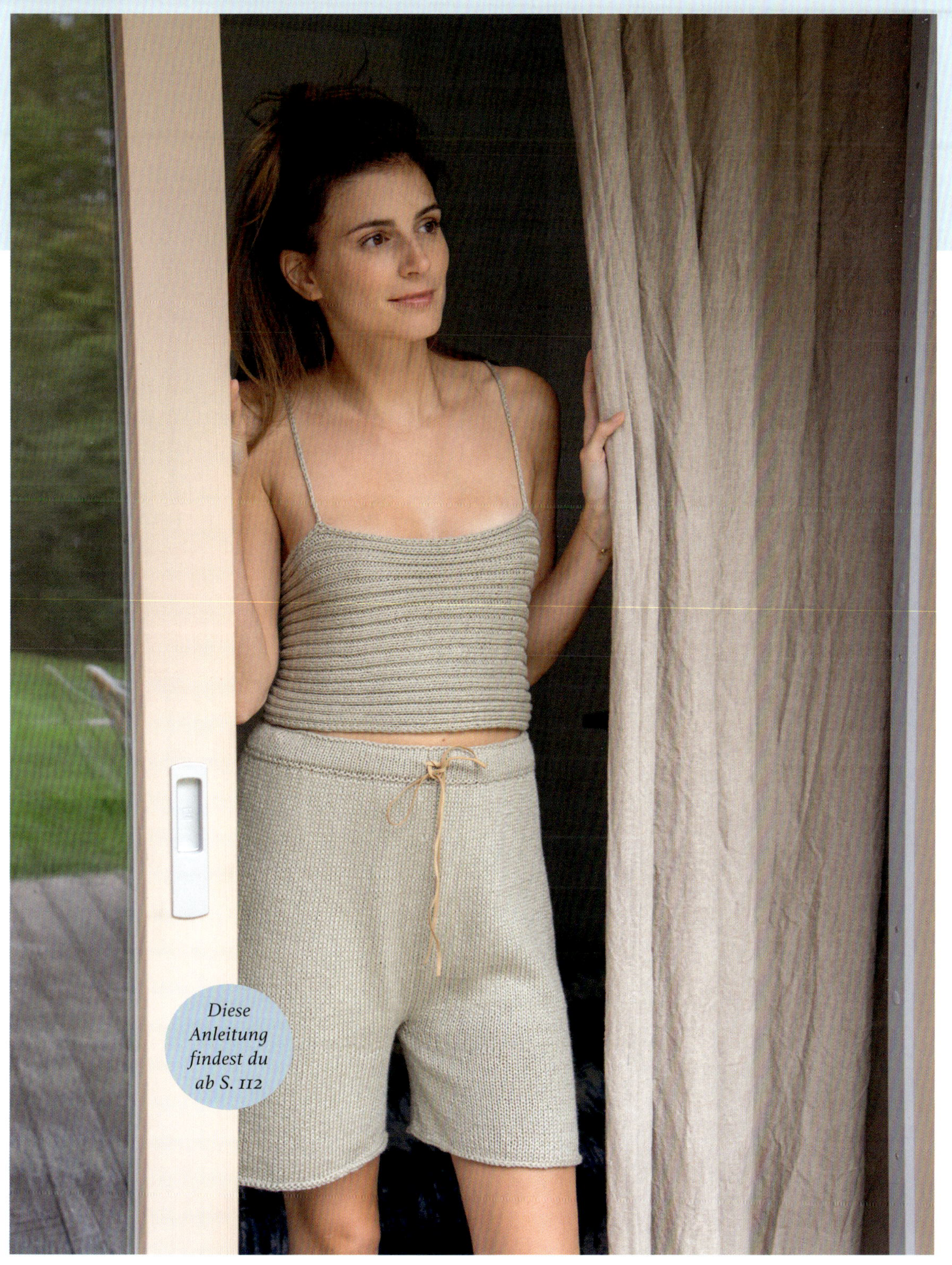

Diese Anleitung findest du ab S. 112

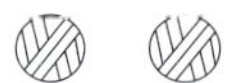

SNUGLY
Bermudas-Shorts mit seitlichem Schlitz

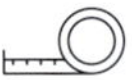

GRÖSSE
XXS, XS, S, M, L, XL, XXL

Hüftumfang
88/94/100/106/112/118/124 cm

Hosenbeinumfang
46/49/52/56/60/64/68 cm

Hosenbeinlänge (ab Schritt)
38/39,5/41/43,44/46/49 cm

SITZ
Oversized fit, längere und lockere Hosenbeine

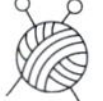

MATERIAL
- LANG YARNS NORMA (55 % Baumwolle, 35 % Modal, 10 % Viskose, LL 135 m/50 g) in Grège (Fb 26), 150/200/200/250/250/300/350 g
- Rundstrick-Nd 4,0 mm (60 cm)
- Rundstrick-Nd 5,0 mm (80 cm)
- PRYM Super-Elastic (7 mm), 300 cm
- PRYM Lederbandimitat (4 mm) in Beige, 200 cm
- Maschenmarkierer
- Vernähnadel

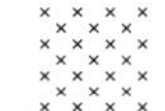

GRUNDMUSTER
Glatt rechts in Rd
Stets rechte M str.

Randmasche
Erste M mit Faden vor der Arbeit abh, str letzte M rechts.

TECHNIKEN
Zunahmen aus Querfaden str
M aus Anschlagkante aufn

MASCHENPROBE
Glatt rechts mit Nd 5,0 mm
20 M und 26 R = 10 x 10 cm

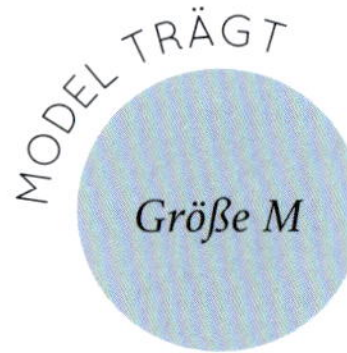

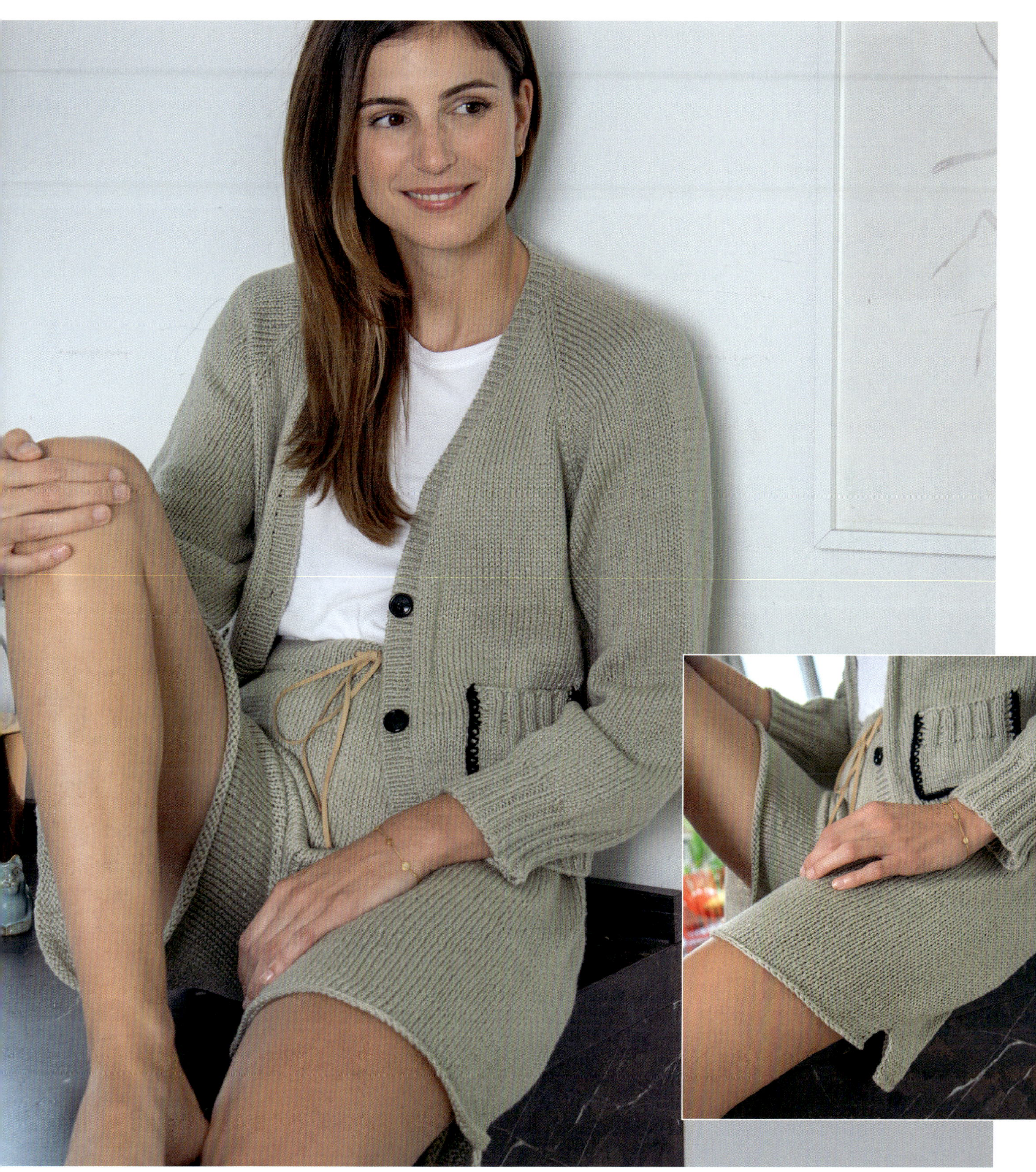

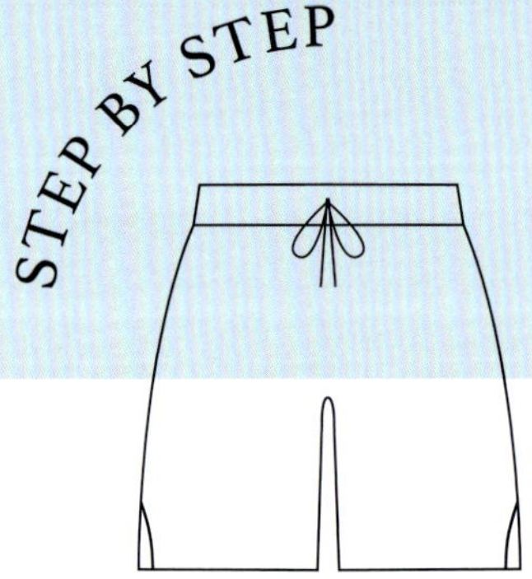

Die Shorts von oben nach unten in Rd str. Das Bündchen mit Löchern für das Lederband (-Imitat) str. Die Hälfte des Bündchens an der Umschlagskante nach innen umschlagen und an der Innenseite vernähen. Die Hose bis zum Schritt glatt rechts in Rd str, wobei vornee und hinten mittig eine Naht-Optik durch 1 linke M kreiert wird. Die Hosenbeine abschließend separat in Rd weiterstr und ab der Schlitzöffnung in R.

BÜNDCHEN

Mit der Rundstrick-Nd 4,0 mm (60 cm) 118/126/134/142/150/158/166 M anschl, zur Rd schließen, RAM setzen. Der Rd-Anfang befindet sich an der rechten Seitenlinie.

1.–10. Rd: Str stets rechte M.

11. Rd: Str alle M links.

12.–15. Rd: Str stets rechte M.

Löcher für das Lederband (-Imitat)

Platziere einen MM mittig vor den mittleren 3 M des gedanklichen Vorderteils (59/63/67/71/75/79/83 M), also nach 28/30/32/34/36/38/40 M. Durch das Abketten von 2 x 1 M und Neuanschlagen dieser M in der nächsten Rd werden die Löcher erzeugt.

16. Rd: Str 28/30/32/34/36/38/40 M rechts bis MM, MM abh, 1 M abk, str 3 M rechts, 1 M abk, str stets rechte M bis Rd-Ende = 116/124/132/140/148/156/164 M.

17. Rd: Str 28/30/32/34/36/38/40 M rechts bis MM, 1 M neu anschl, str 3 M rechts, 1 M neu anschl, str stets rechte M bis Rd-Ende. MM entfernen = 118/126/134/142/150/158/166 M.

18.–21. Rd: Str stets rechte M.

HOSE

Der Rundenanfang befindet sich an der rechten Seitenlinie. Wechsel auf Rundstrick-Nd 5,0 mm (80 cm).

1. Rd: Str alle M links.

2. Rd: * Str 29/31/33/35/37/39/41 M rechts, MM setzen, 1 M links, 29/31/33/35/37/39/41 M rechts, ab * noch 1x wdh.

3. Rd: (*)* 2 M rechts, M1R, ab * bis 1 M vor MM, 1 M rechts, MM abh, 1 M links, 1 M rechts, M1R, ab (*) noch 1x wdh, * 2 M rechts, M1R, ab * bis Rd-Ende wdh = 176/188/200/212/224/236/248 M.
Str für 31/32,5/34/36/37/39/42cm alle M, wie sie erscheinen.

TIPP
Bringe die M auf einen Garnfaden oder längeres Seil und probiere die Hose an. Zu diesem Zeitpunkt kannst du entscheiden, wie hoch die Hose sitzen soll, bevor du die Maschen für die Hosenbeine aufteilst.

RECHTES HOSENBEIN

Str 43/46/49/52/55/58/61 M der rechten Hälfte des Vorderteils rechts, MM entfernen, 1 M rechts, 4/4/4/5/7/9/12 M neu anschl, 88/94/100/106/112/118/124 M der linken Hälfte des Vorderteils und des Rückteils stilllegen, str 44/47/50/53/56/59/62 M der rechten Hälfte des Rückteils rechts = 92/98/104/111/119/127/136 M. Str 10 cm glatt rechts.

Schlitz

1. R (Rück-R): RM, str alle M links bis 1 M vor Ende, RM.
2. R: RM, str alle M rechts bis 1 M vor Ende, RM.

Str 1.–2. R insgesamt 5 x.
Alle M abk.

LINKES HOSENBEIN

Platziere die Shorts mit der Rückseite und den offenen Hosenbeinen nach oben, starte zwischen den Beinen am Ende der neu angeschlagenen Maschen, str die M des linken Rück- und Vorderteils rechts, nimm 4/4/4/5/7/9/12 M aus der Anschlagkante auf = 92/98/104/111/119/127/136 M.

Schlitz

Set up: Str 44/47/50/53/56/59/62 M rechts. Arbeit wenden.
1. R (Rück-R): RM, str alle M links bis 1 M vor Ende, RM.
2. R: RM, str alle M rechts bis 1 M vor Ende, RM.

Str 1.–2. R insgesamt 5 x.
Alle M abk.

FERTIGSTELLUNG

Schlage das Bündchen nach innen um und nähe die Anschlagkante mit Überwendlingsstichen mit der letzten Runde im Glatt-rechts-Muster zus. Wenn du das Elastic-Band einnähen möchtest, nähe einen Abschnitt von ca. 5 cm noch nicht zu.

TIPP

Lege das Lederband-(Imitat) und das Super-Elastic-Band in das Bündchen ein, bevor du es zunähst. Dann musst du es nicht nachträglich durchfädeln.

Probiere die Shorts an und fixiere das Elastic-Band mit einer Sicherheitsnadel auf deinen gewünschten Umfang. Schneide das Elastic-Band in deiner gewünschten Länge + 2 cm ab. Vernähe Anfang und Ende des Bands mit einer Überlappung von 1 cm. Vernähe die offen gelassenen 5 cm des Bündchens.

Alle losen Fäden sauber vernähen. Shorts blocken/spannen und in Form bringen.

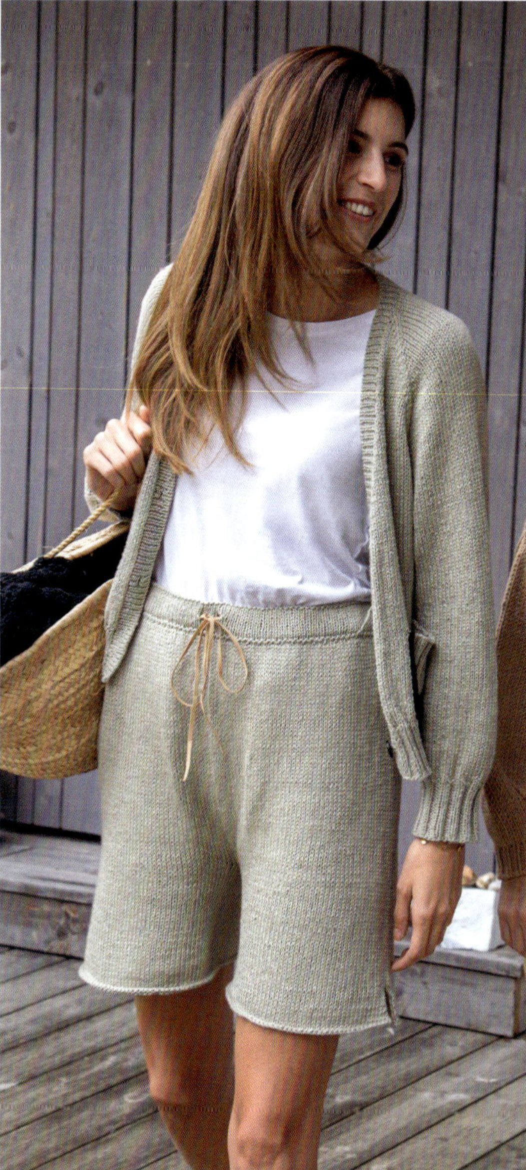

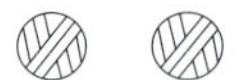

SNUGLY

V-Ausschnitt Raglan-Cardigan mit Taschen in Patch-Optik

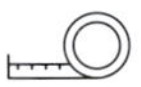

GRÖSSE

XXS, XS, S, M, L, XL, XXL

Brustumfang
86/94/98/104/112/118/128 cm
Länge
45/48/50/53/55/57/59 cm
Ärmelbreite
16/18/19/20/22/23/25 cm

SITZ

Regular fit, kastiger Schnitt

TECHNIKEN

M aus Strickstück aufn
Italienisch abk
Feste Maschen häkeln

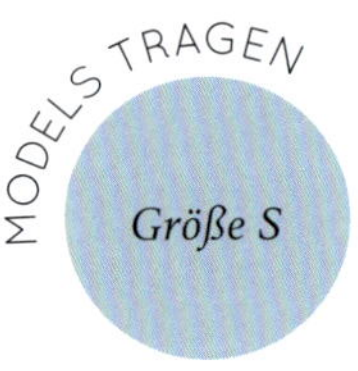

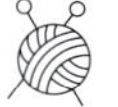

MATERIAL

- LANG YARNS NORMA (55 % Baumwolle, 35 % Modal, 10 % Viskose, LL 135 m/50 g) in Grège (Fb 26), 300/350/350/400/450/500/550 g
- Rundstrick-Nd 3,0 mm (100 oder 120 cm)
- Rundstrick-Nd 5 mm (80 cm), optional 40-cm-Seil oder Nd-Spiel für Ärmel anstatt Magic-Loop-Methode
- Häkel-Nd und Garn in Kontrastfarbe zum Annähen der Taschen
- 3 Knöpfe
- Nähnadel und Nähgarn zum Annähen der Knöpfe
Vernähnadel

MASCHENPROBE

Glatt rechts mit Nd 5,0 mm
20 M und 26 R = 10 x 10 cm

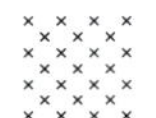

GRUNDMUSTER

Glatt rechts in R
Hin-R: Stets rechte M str.
Rück-R: Stets linke M str.

Glatt rechts in Rd
Stets rechte Maschen.

Bündchenmuster
2/2-Rippenmuster R:
Hin-R: * Str 2 M rechts, str 2 M links, ab * stets wdh.
Rück-R: * Str 2 M rechts, str 2 M links, ab * stets wdh.

2/2-Rippenmuster Rd
Jede Rd: * Str 2 M rechts, str 2 M links, ab * stets wdh.

1/1-Rippenmuster in R
Hin-R: * Str 1 M rechts, str 1 M links, ab * stets wdh.
Rück-R: * Str 1 M rechts, str 1 M links, ab * stets wdh.

Randmasche
Str erste und letzte M rechts.

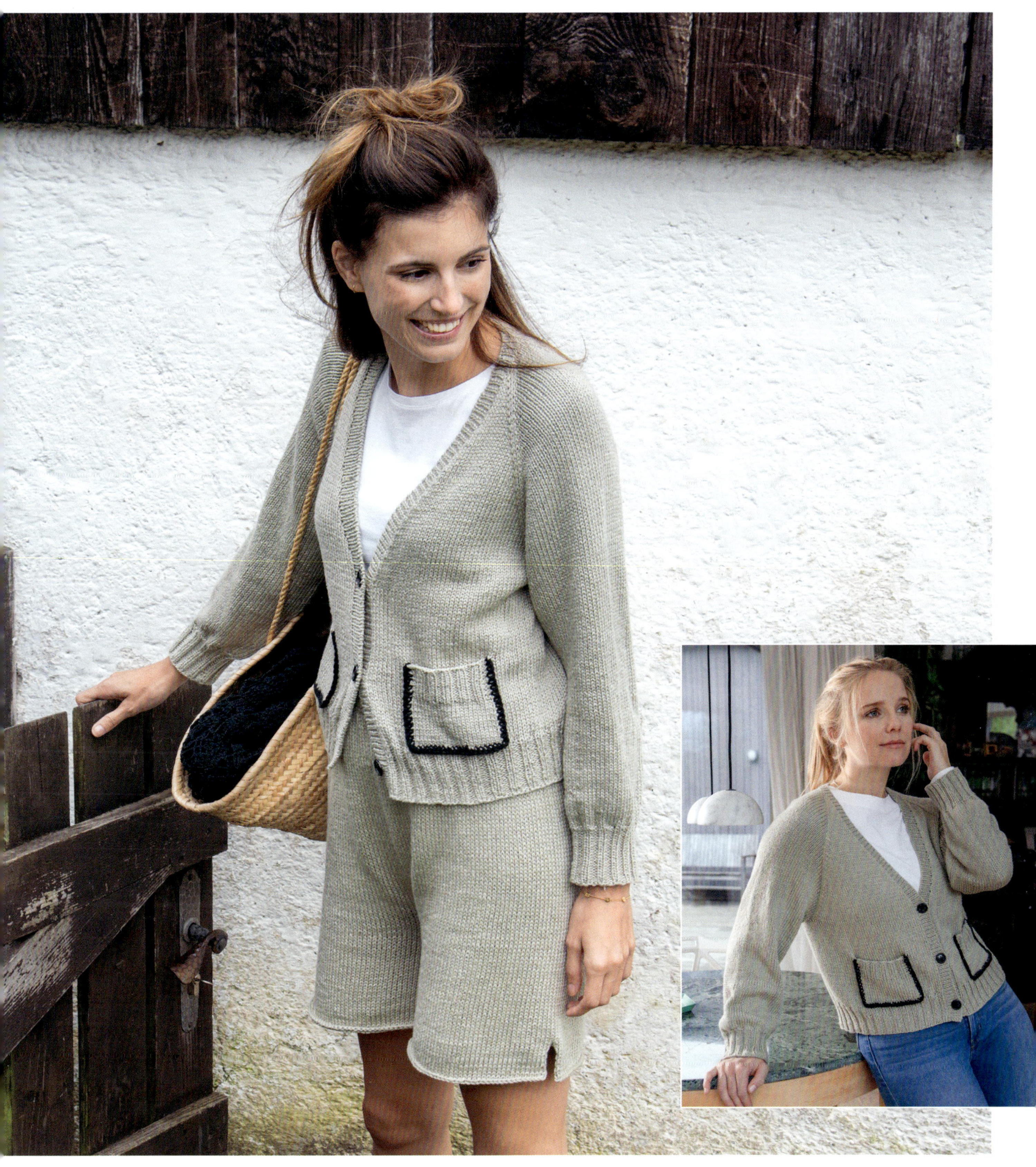

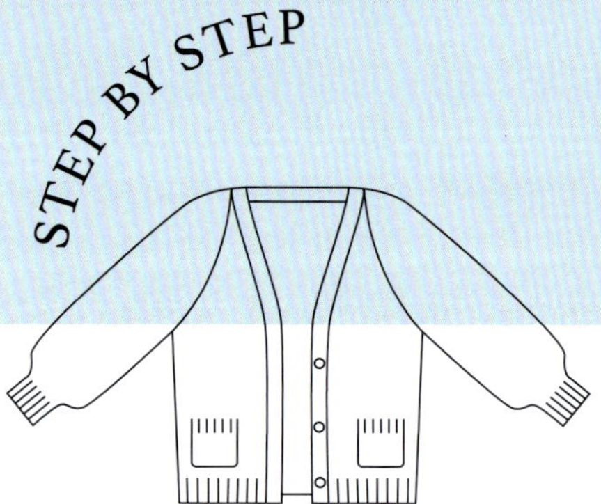

Den Cardigan von oben nach unten in R str. Nach Beendigung der Raglan-Zunahmen den Körper in R und anschließend die Ärmel in Rd str. Für die Bordüre M entlang des Rands aufnehmen. Die Taschen mit unsichtbarem Maschenstich oder in Patch-Optik mit einem Kontrastgarn und Häkel-Nd annähen.

RAGLAN

Mit Strick-Nd 5,0 mm 36/38/44/54/60/70/80 M anschl.
Hin-R: Str alle M rechts.
Rück-R: RM, str alle M links bis 1 M vor Ende, RM.
Platziere MM wie folgt: 1/1/1/3/5/7/9 Vorderteil-M, MM, 2 Raglan-M, 4/4/6/8/8/10/12 Ärmel-M, MM, 2 Raglan-M, 18/20/22/24/26/28/30 M Rückteil, MM, 2 Raglan-M, 4/4/6/8/8/10/12 Ärmel-M, MM, 2 Raglan-M, 1/1/1/3/5/7/9 Vorderteil-M.
Die Raglan-Zunahmen erfolgen in jeder 2. R (Hin-R) und es werden 4 x 2 = 8 Zunahmen gestr.
1. R: RM, str Vorderteil-M, * M1R, MM abh, 2 Raglan-M rechts, M1L, MM abh, M1L *, str Ärmel-M bis MM, ab * wdh, str Rückteil-M bis MM, ab * wdh, str Ärmel-M bis MM, ab * wdh, str Vorderteil-M, RM = 44/46/52/62/68/78/88 M.
2. R: RM, str alle M links bis 1 M vor Ende, RM.
Str 1.–2. R insgesamt 5/7/8/9/9/10/11 x = 76/94/108/126/132/150/168 M.

Raglan und V-Ausschnitt Zunahmen

Zusätzlich zu den Raglan-Zunahmen in jeder 2. R (Hin-R) Zunahmen am Anfang und Ende jeder 4. R zur Formung des V-Ausschnitts str.
1. R: RM, 1 M rechts, M1L, str Vorderteil-M, * M1R, MM abh, 2 Raglan-M rechts, M1L, MM abh, M1L *, str Ärmel-M bis MM, von * bis * wdh, str Rückteil-M bis MM, von * bis * wdh, str Ärmel-M bis MM, von * bis * wdh, str Vorderteil-M bis 2 M vor Ende, M1R, RM = 86/104/118/136/142/160/178 M.
2. R: RM, str alle M links bis 1 M vor Ende, RM.
3. R: RM, str Vorderteil-M, * M1R, MM abh, 2 Raglan-M rechts, M1L, MM abh, M1L *, str Ärmel-M bis MM, von * bis * wdh, str Rückteil-M bis MM, von * bis * wdh, str Ärmel-M bis MM, von * bis * wdh, str Vorderteil-M, RM = 94/112/126/144/150/168/186 M.
4. R: Wie 2. R str.
Str 1.–4. R insgesamt 12/12/12/12/13/13/14 x = 292/310/324/342/366/384/420 M.
Du solltest 42/44/45/48/53/56/62 M je Vorderteil, 62/66/70/74/78/82/90 M je Ärmel, 76/82/86/90/96/100/108 M Rückteil und unverändert 4 x je 2 Raglan-M zählen.

KÖRPER

Vorderteile und Rückteil zusammenführen, indem M unter dem Arm angeschlagen und die Ärmel-M stillgelegt werden.
Str Vorderteil-M rechts, 2 Raglan-M rechts, Ärmel-M stilllegen, 2/5/6/7/7/8/8 M neu anschl, 2 Raglan M rechts,

Rückteil rechts, 2 Raglan-M rechts, Ärmel-M stilllegen, 2/5/6/7/7/8/8 M neu anschl, 2 Raglan-M rechts, Vorderteil-M rechts = 172/188/196/208/224/236/256 M.
Str glatt rechts mit RM für 17/18/19/21/22/23/23 cm.

Bündchen

1. R: RM, * 2 M rechts, 2 M links, ab * bis 3 M vor Ende wdh, 2 M rechts, RM.
2. R: RM, * 2 M links, 2 M rechts, ab * bis 3 M vor Ende wdh, 2 M links, RM.
Str 1.–2. R für 6 cm.
Alle M im 2/2-Muster abk.

ÄRMEL

Starte mittig der Anschlagkante unter dem Arm.
Nimm 1/2/3/3/3/4/4 M aus der Anschlagkante auf, str Ärmel-M rechts, nimm 1/3/3/4/4/4/4 M aus der Anschlagkante auf, RAM = 64/71/76/81/85/90/98 M.
1.–7. Rd: Str glatt rechts.
8. Rd: 1 M rechts, str 2 M rechtsgen zus, str M rechts bis 3 M vor Ende, str 2 M linksgen zus, 1 M rechts = 62/69/74/79/83/88/96 M.
Str 1.–8. Rd insgesamt 7/8/8/8/10/10/9 x = 50/55/60/65/65/70/80 M.
Str 10/10/10/10/10/10/18 Rd glatt rechts bzw. bis zu deiner gewünschten Länge. Weitere 6 cm kommen durch das Bündchen hinzu.

Bündchen

Abnahme-Rd: * Str 2 M rechts, str 2 M links zus, str 1 M links, ab * bis Rd-Ende wdh = 40/44/48/52/52/56/64 M.
* Str 2 M rechts, str 2 M links, ab * stets wdh.
Str im 2/2-Bündchenmuster für 6 cm.
Alle M im Muster abk.

BORDÜRE

Mit der Rundstrick-Nd 3,0 (120 cm) arb. Lege den Cardigan mit der Vorderseite nach oben vor dich hin. Starte am unterem Rand des rechten Vorderteils und nimm pro R bzw. M je 1 M entlang des rechten Vorderteils, des Rückteils und des linken Vorderteils auf = 285/299/317/341/359/379/401 M.
HINWEIS: Hierbei kommt es nicht auf die exakte Zahl an und dient nur als Richtwert. Nimm eine ungerade Maschenanzahl auf.
1. R (Rück-R): * Str 1 M links, str 1 M recht, ab * wdh bis 1 M vor Ende, 1 M links.
2. R: * Str 1 M rechts, str 1 M links, ab * wdh bis 1 M vor Ende, 1 M rechts.
3. R: Wie 1. R str.

Knöpflöcher

Der oberste Knopf sollte ca. 8 R unterhalb der letzten V-Ausschnitt-Zunahme und der unterste Knopf ca. 10 R oberhalb des Rands sein. Der 3. Knopf ist genau mittig. Platziere die MM wie folgt: Zähle 10 M ab Kante der Bordüre, MM, zähle die M bis zum obersten Knopf, setze dort und in die Hälfte der gezählten M einen MM.
4. R: Str 10 M in 1/1-Rippenmuster, nächsten 3 M abk, * str Rippenmuster bis MM, 3 M abk, ab * noch 1x wdh, str Rippenmuster bis R-Ende = –9 M.
5. R: * Str Rippenmuster bis zu den abgeketteten M, 3 M neu anschl, ab * wdh bis R-Ende = +9 M.
6.–9. R: Str in 1/1-Rippenmuster.
10. R: Alle M italienisch abk.

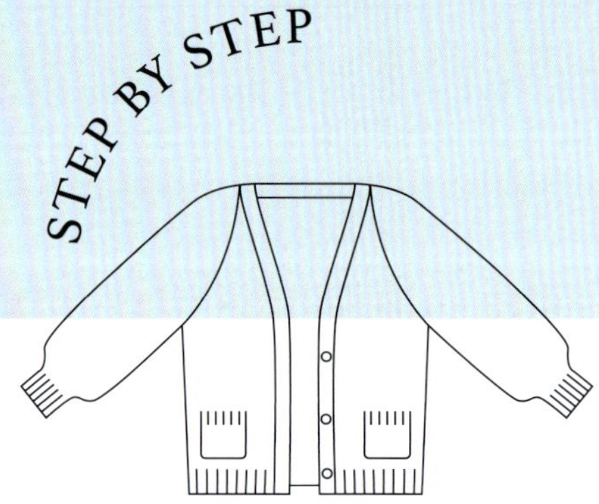

TASCHEN

Mit der Rundstrick-Nd 5,0 mm (80 cm) 24 M anschl.
1.–16. R: Str glatt rechts.
17. R: RM, * 2 M links, 2 M rechts, ab * bis 3 M vor Ende wdh, 2 M links, RM.
18. R: RM, * 2 M rechts, 2 M links, ab * bis 3 M vor Ende wdh, 2 M rechts, RM.
Str 17.–18. R insgesamt 6 x.
Alle M im Muster abk.

Str die zweite Tasche identisch.

Annähen

Wähle die Position der Taschen aus. Meine gewählte Position: 10 M von der RM entfernt und von der letzten R rechte M vor dem Bündchen. Fixiere die Tasche mit Sicherheitsnadeln oder MM.
Nähe die Taschen mit unsichtbarer Naht mit Maschenstich und kontrastfarbenem Garn an.

Patch-Optik

Mit Häkel-Nd 5,0 mm und Kontrastgarn arbeiten.
Starte an der Kante oben rechts und * häkle jede 2. vertikale R des Cardigans und der Tasche mit einer festen M zus *, häkle jede horizontale M des Cardigans und der Tasche mit einer festen M zus, ab * noch 1x wdh.

FERTIGSTELLUNG

Alle losen Fäden sauber vernähen. Cardigan blocken/ spannen und in Form bringen. Dabei kannst du bei Bedarf noch kleine individuelle Anpassungen an gewünschte Länge und Breite vornehmen.

Nähe die Knöpfe mit einer Nähnadel und Nähgarn auf der gegenüberliegenden Bordüre mittig der Rippenbordüre an.

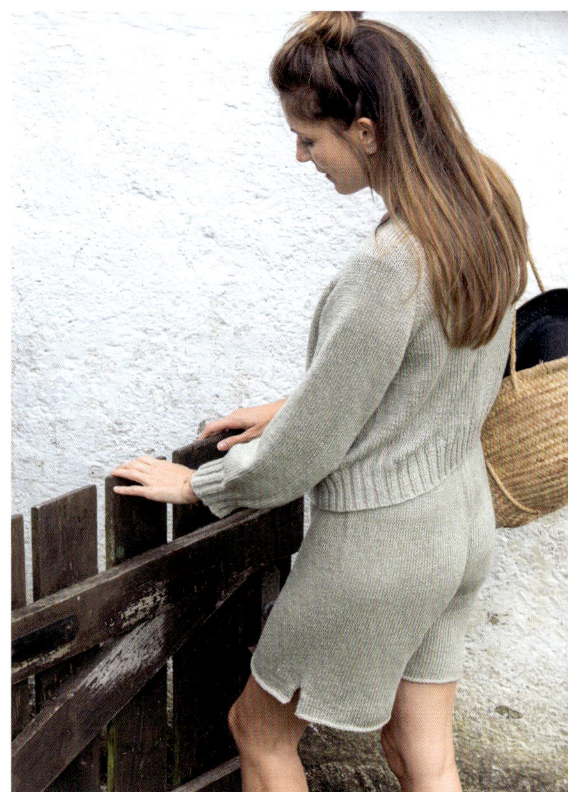

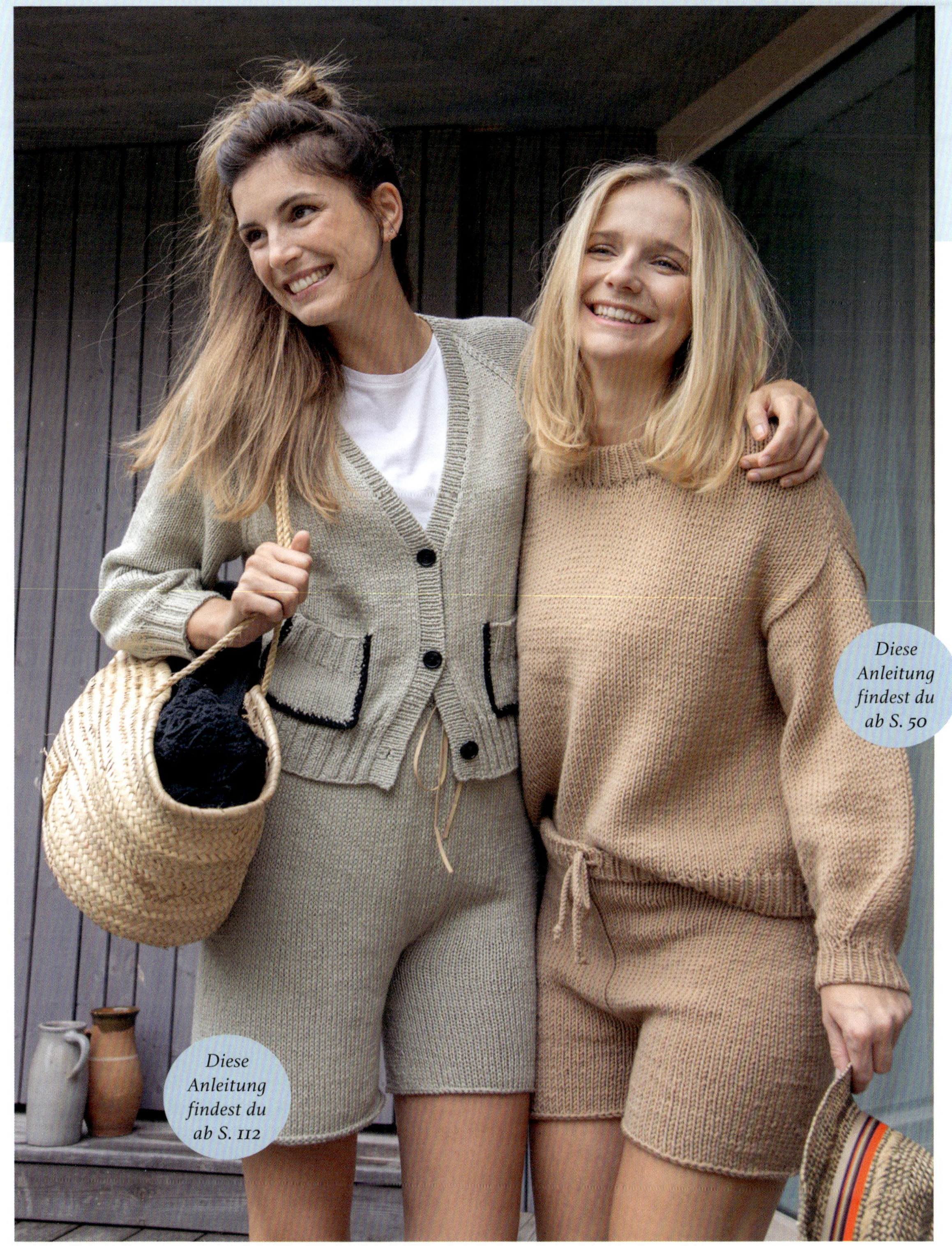
Diese
Anleitung
findest du
ab S. 50
Diese
Anleitung
findest du
ab S. 112

STRICKSCHRIFTEN

STICKSCHRIFT PULLOVER
(ab S. 44)

Rapport
Gr. (XXS)

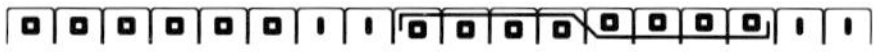

Gr. (XS,L)

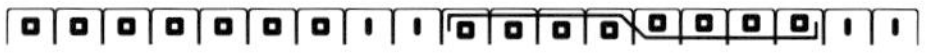

Gr (S,XL)

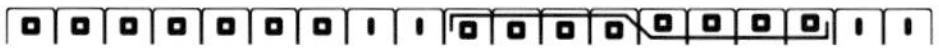

Gr (M,XXL)

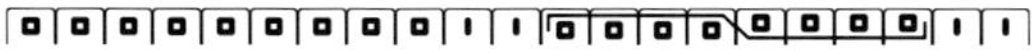

Legende
4 M auf Hilf-Nd VOR Arbeit, 4 M rechts str, 4 M von Hilfs-Nd rechts str:

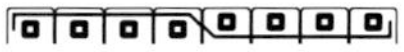

M rechts:
M links:

STICKSCHRIFT STULPE
(ab S. 94)

Gr. (XXS-S)

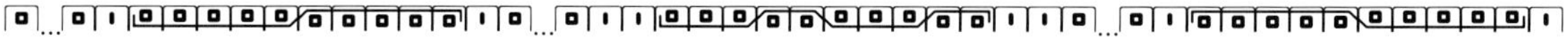

Gr. (M-L)

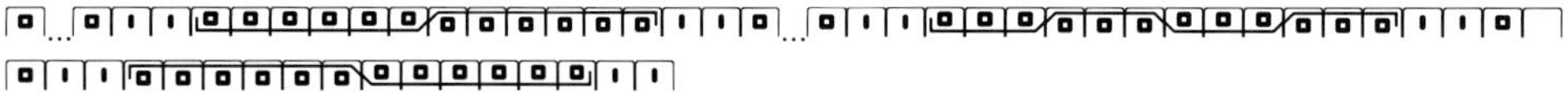

Gr. (XL-XXL)

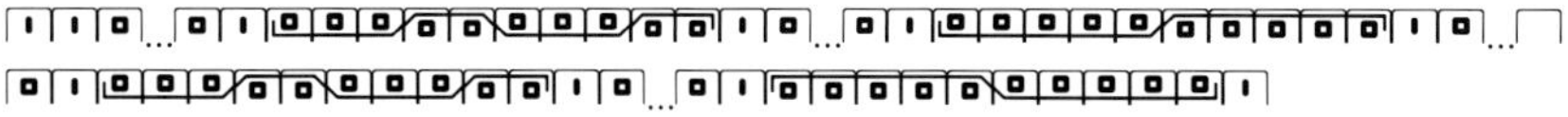

Legende
5 M auf Hilf-Nd VOR Arbeit, 5 M rechts str, 5 M von Hilfs-Nd rechts str:

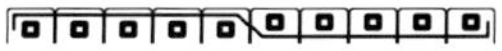

2 M auf Hilfs-Nd HINTER Arbeit, 3 M rechts str, 2 M von Hilfs-Nd rechts str, 3 M auf Hilfs-Nd VOR Arbeit, 2 M rechts str, 3 M von Hilfs-Nd rechts str:

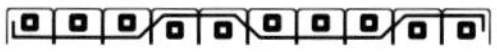

5 M auf Hilf-Nd HINTER Arbeit, 5 M rechts str, 5 M von Hilfs-Nd rechts str:

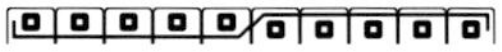

8 M rechts:

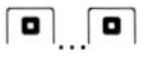

LEGENDE

- ◼ = rechte Masche
- ▮ = linke Masche
- ● = Umschlag
- ▲ = 3 Maschen rechts zusammenstricken
- ┐ = linksgerichtete Zunahme aus dem Querfaden
- └ = rechtsgerichtete Zunahme aus dem Querfaden
- ◣ = 2 Maschen überzogen zusammenstricken (= 1 Masche abheben, 1 Masche rechts stricken, dann die abgehobene Masche über die gestrickte ziehen)
- ◢ = 2 Maschen rechts zusammenstricken

HINWEIS ZU DEN STRICKSCHRIFTEN

Die Strickschriften werden jeweils von unten nach oben gelesen. Dabei die Hinreihen von rechts nach links und die Rückreihen von links nach rechts lesen. Runden werden stets von rechts nach links gelesen. Sind Hin- und Rückreihen gezeichnet, so sind die Maschen so angegeben, wie sie auf der Vorderseite der Arbeit erscheinen. Eine rechte Masche wird also in der Rückreihe links gestrickt und eine linke Masche rechts.

DANKSAGUNG

Die Anfrage für mein zweites Buch „Loungewear stricken“ kam, während ich zu Hause in Loungewear eine kleine Pause von meiner Masterarbeit nahm und strickte. Offensichtlich gab es keine Zweifel, dass dieses Thema perfekt zu mir passt.

Für Inspiration und konkrete Vorschläge möchte ich mich bei meiner tollen Mama und Schwester sowie bei meiner ehemaligen Mitbewohnerin und besten Freundin bedanken. Wir haben quasi während der Klausurphasen im Studium in Loungewear gelebt. Danke Bine, Tessa und Antonia.

Mein größter Dank geht an meine liebe Freundin Maike Klepper und ihre Mama Diana Klepper! Ohne ihre tatkräftige strickende Unterstützung hätte ich diese Vielzahl an Strickstücken nicht rechtzeitig fertigstellen können. Tausend Dank!

Danke lieber Nikolaus, dass du über die Wollberge in unserer Wohnung hinweggesehen hast. Deine liebevollen aber mahnenden Hinweise motivierten mich während Durststrecken in Glatt rechts.

Des Weiteren möchte ich mich recht herzlich bei den Sponsoren bedanken, die mir diese wundervolle Wolle und das Zubehör zur Verfügung gestellt haben: Knitloop, Rowan, Sandnes Garn, Roy Green Wool, Lamana, Lang Yarns und We are knitters.

Abschließend ein großer Dank an das EMF-Team und insbesondere Saskia Reusch und Anja Brinkmann, ohne die dieses wundervolle Buch nicht zustande gekommen wäre.

ÜBER DIE AUTORIN

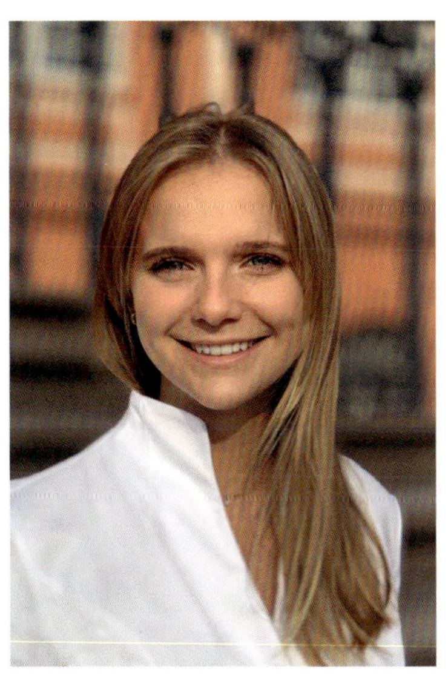

Ich heiße Carina Schauer, bin 27 Jahre alt und arbeite als wissenschaftliche Mitarbeiterin am Lehrstuhl für Carbon Composites der Technischen Universität München. Während ich mich im Studium mit technischen Hochleistungsfasern beschäftigte, entdeckte ich das Stricken für mich.
Mit weichen Naturfasern zu arbeiten und dabei etwas zu erschaffen, das entweder mir oder der/dem Beschenkten eine große Freude bereitet, ist für mich das schönste Hobby.
Da zu Beginn meiner Strickleidenschaft niemand in meinem Bekanntenkreis strickte, habe ich meinen Instagram-Account @knitsbycari gegründet. Hierüber habe ich Inspiration, Austausch, Firmen-Kollaborationen und sogar neue Strickfreunde gefunden – die auf der ganzen Welt verteilt sind. Mittlerweile konnte ich ein paar meiner Freunde für das Stricken begeistern und ich freue mich, dass unsere Strick-Community immer größer wird.

Mir gefällt die Entwicklung, dass die Begeisterung und Wertschätzung für handgestrickte Kleidung immer mehr zunehmen. Ein Kleidungsstück, das mit viel Zeit, hochwertigen Materialien und Hingebung gefertigt wird, ist langlebig und nachhaltig. Daher habe ich mich für minimalistische und zeitlose Designs entschieden, sodass deine Strickwerke lange Lieblingsstücke bleiben.
Ich hoffe, dir gefallen meine Anleitungen und ich freue mich über dein Feedback. Schreibt mir gerne auf Instagram @knitsbycari.

Eure Carina

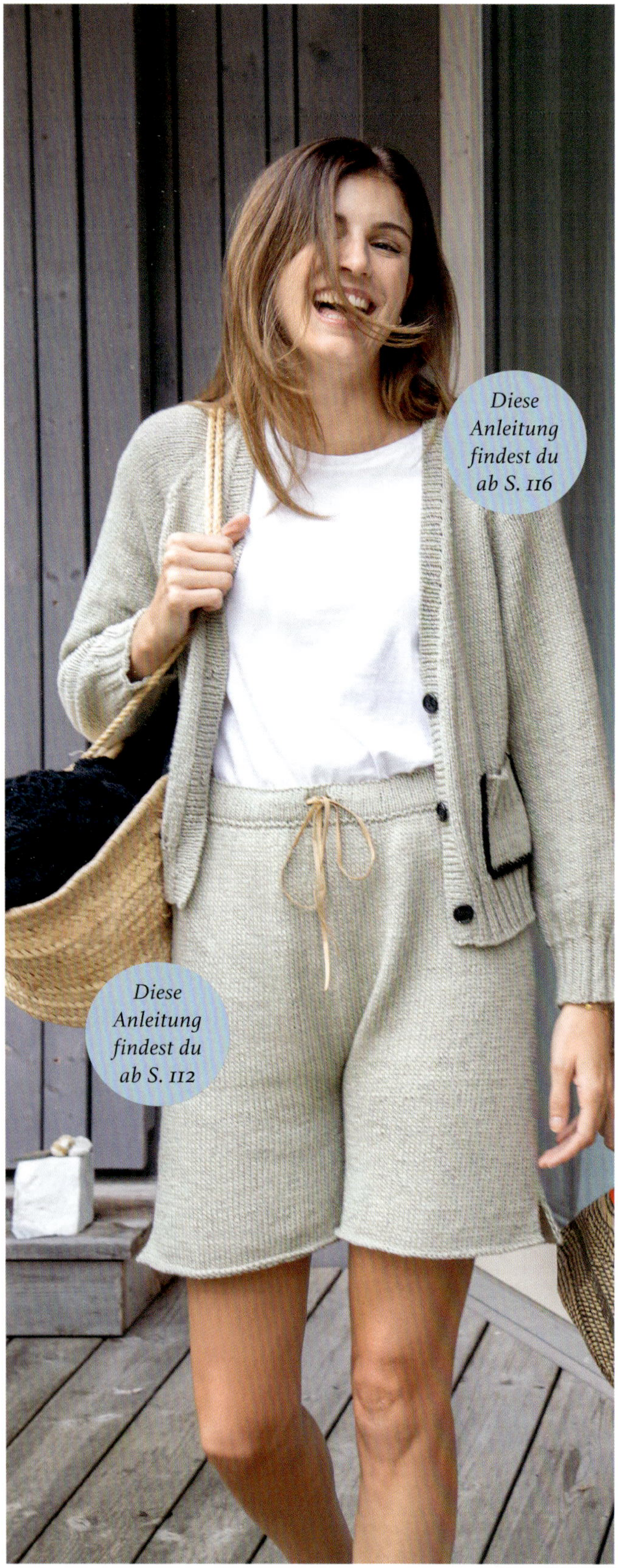

Diese
Anleitung
findest du
ab S. 116

Diese
Anleitung
findest du
ab S. 112

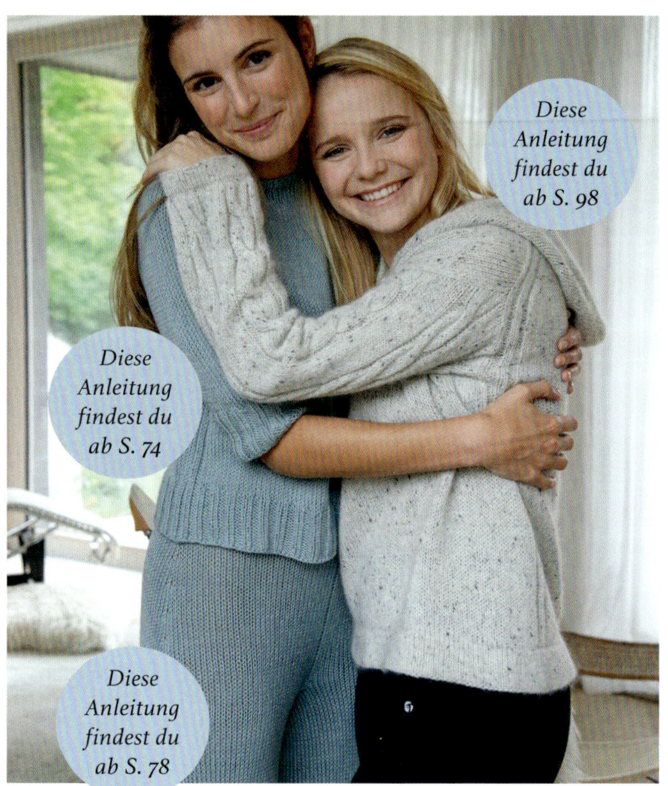

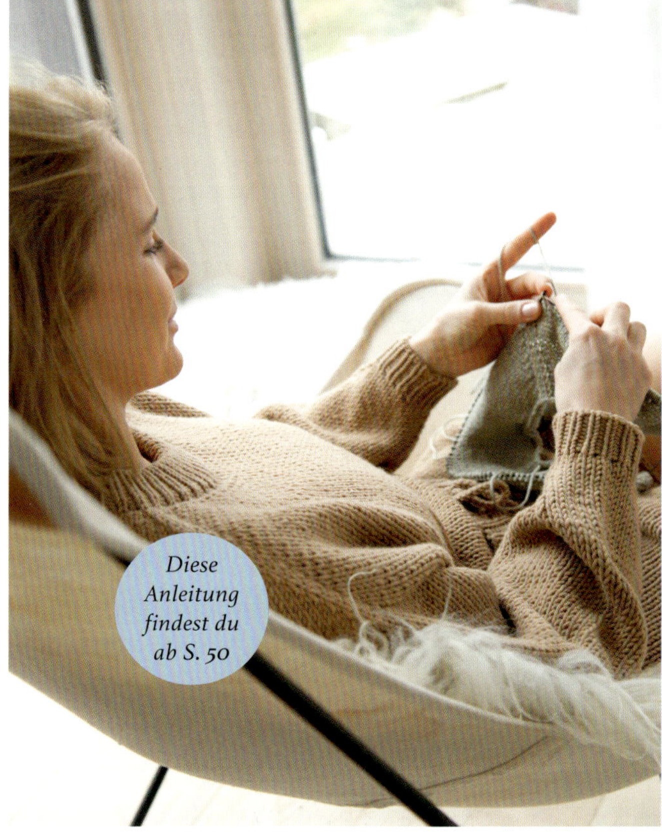

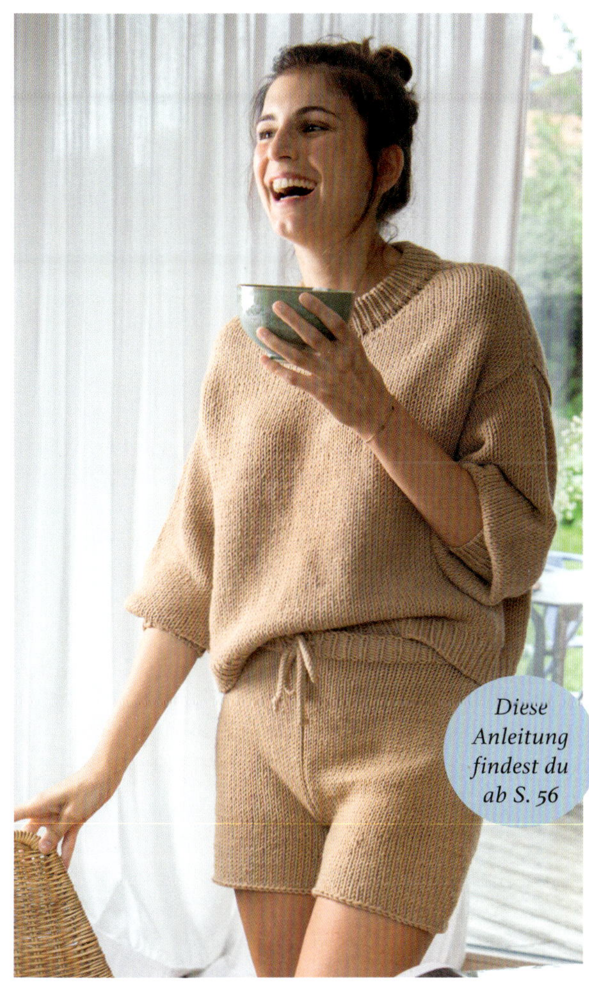
Diese
Anleitung
findest du
ab S. 56

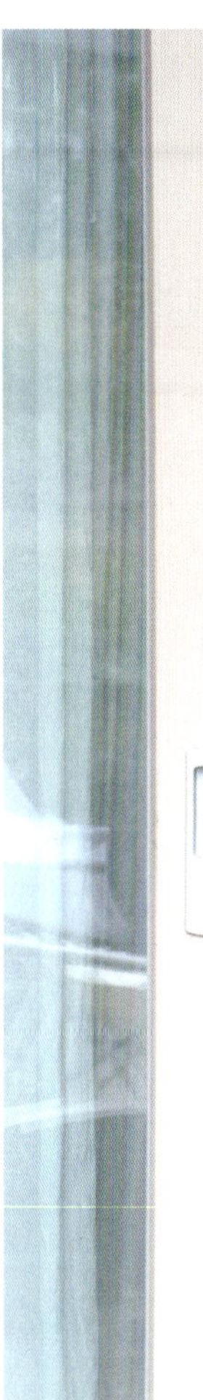

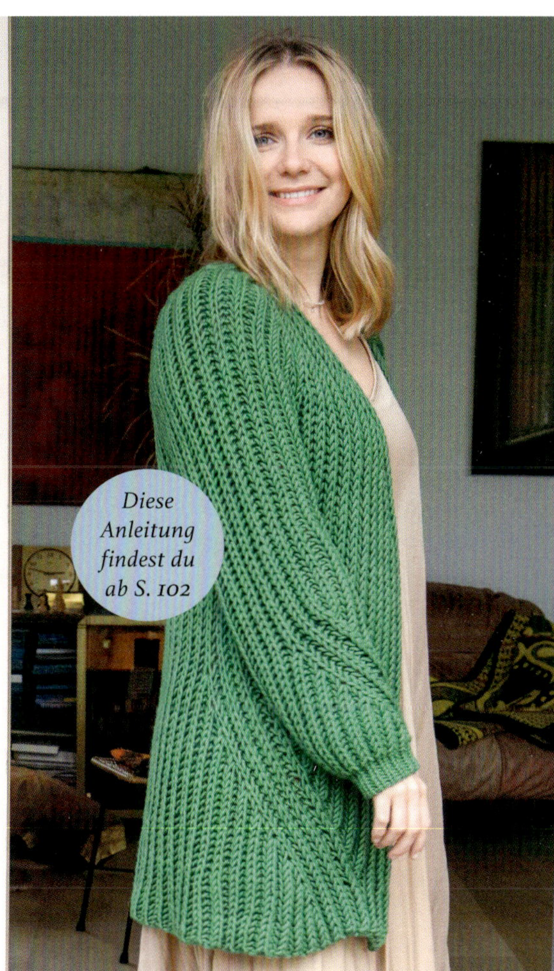
Diese
Anleitung
findest du
ab S. 102

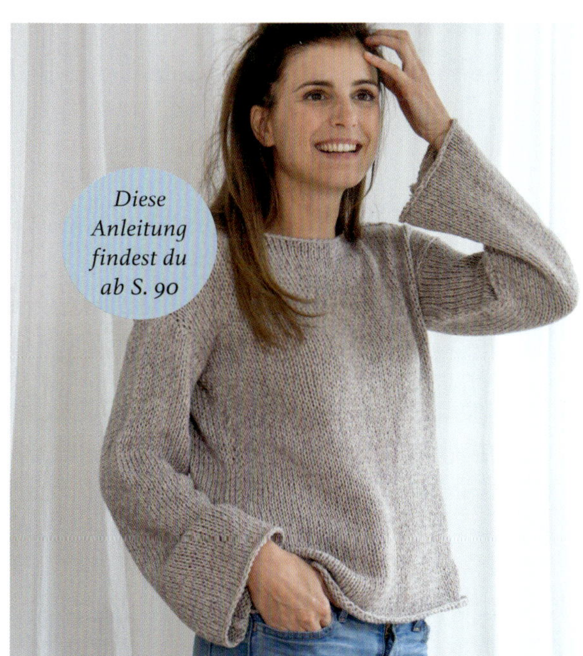
Diese
Anleitung
findest du
ab S. 90

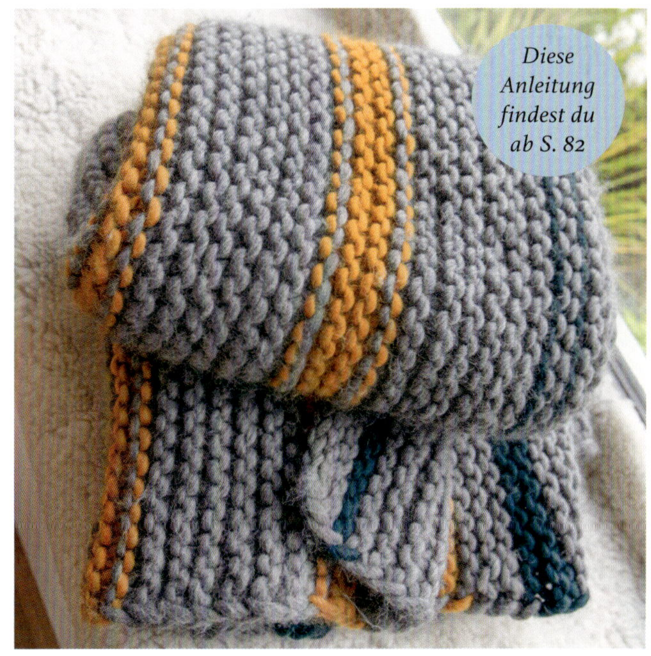
Diese
Anleitung
findest du
ab S. 82

IMPRESSUM

Bibliografische Information der Deutschen Bibliothek.

Die Deutsche Bibliothek verzeichnet diese Publikation in der Deutschen Nationalbibliografie.

Detaillierte bibliografische Daten sind im Internet über http://www.dnb.de/ abrufbar.

EIN BUCH DER EDITION MICHAEL FISCHER

1. Auflage 2022

Covergestaltung, Layout und Satz:
Sonja Bauernfeind
Cover- und Projektaufmacherfotos:
© Corinna Teresa Brix, München
Illustrationen Projekte: Sarah Lukic
Icons: Icons: Wollknäuel mit Nadeln: © Pham Thanh Lôc/the noun project, Kreuzmuster: © Royyan Wijaya/the noun project, Wollknäuel: © ibrandify/the noun project, Pfeil: © Marcela Almeida/the noun project, Maßband: © Ralf Schmitzer/the noun project.
Federn: © Rifal eko 28/Shutterstock
Redaktion und Projektmangement:
Saskia Reusch und Anja Brinkmann
Lektorat: Maria Böhly, Appenweier

ISBN 978-3-7459-0637-0

Gedruckt bei Polygraf Print, Čapajevova 44, 08001 Prešov, Slowakei

www.emf-verlag.de